Georg Simmel

Der Krieg und die geistigen Entscheidungen

Verlag
der
Wissenschaften

Georg Simmel

Der Krieg und die geistigen Entscheidungen

ISBN/EAN: 9783957004338

Auflage: 1

Erscheinungsjahr: 2015

Erscheinungsort: Norderstedt, Deutschland

Hergestellt in Europa, USA, Kanada, Australien, Japan
Verlag der Wissenschaften in Hansebooks GmbH, Norderstedt

Cover: Horace Vernet "Schlacht bei Friedland"

Der Krieg und die geistigen Entscheidungen.

Reden und Aufsätze
von
Georg Simmel

München und Leipzig
Verlag von Duncker & Humblot
1917

Den Straßburger Freunden.

Vorwort.

Es kann anmaßend erscheinen, diesen Deutungen der Innenseite des Weltschicksals, die auf das Kommende hinsehen, literarische Dauerform zu geben. Allein Ausblicke auf die Zukunft haben ja ihren Sinn als Dokumente der Gegenwart, mag jene sie bestätigen oder widerlegen; hier um so entschiedener, als es nur, aus dem Vergangenen und Augenblicklichen heraus, die für jetzt entscheidenden Linien nachzuzeichnen gilt. Insoweit dies aber gelänge, würden dadurch wenigstens mitentscheidende Linien der Zukunft hervortreten.

Straßburg im Elsaß, April 1917.

Inhalt.

Deutschlands innere Wandlung.

Rede,
gehalten in Straßburg, November 1914.

Mit der Erklärung dieſes Krieges iſt wohl über jede Seele in Deutſchland eine Erſchütterung gekommen, neben der alles, was auch der Schickſalsreichſte von uns an Druck und Spannung, an Verhängnis und Entſchloſſenheit erlebt hat, plötzlich etwas Dünnes und Schmales wurde. So ungefähr muß es den Menſchen um das Jahr 1000 zumute geweſen ſein, als man den Weltuntergang erwartete und niemand wußte, ob er verdammt oder gerettet werden würde. Seitdem iſt, was uns zuerſt als jenes dunkel mächtige Gefühl erſchütterte, zu einem nun ſchon in vielen Formen ausgedrückten Gedanken geklärt: daß das Deutſchland, in dem wir geworden ſind, was wir ſind, verſunken iſt wie ein ausgeträumter Traum, und daß wir, wie auch immer die jetzigen Ereigniſſe auslaufen mögen, unſere Zukunft auf dem Grund und Boden eines andern Deutſchland erleben werden. Niemand wird poſitiv zu beſtimmen unternehmen, wie dieſes nach Formen und Inhalten ausſehen wird; aber vielleicht gerade, weil wir das Wie nicht wiſſen, ſondern nur das Daß, beherrſcht uns um ſo ſtärker, um ſo allgemeiner dieſe ſozuſagen undifferenzierte Idee: ein anderes Deutſchland, als das in dieſen Krieg hineinging, wird aus ihm hervorgehen. Was ſie an Wucht und vitaler Bedeutung beſitzt, kann die Jugend nicht in ſeiner ganzen Tiefe empfinden; ſie hat zu wenig Vergangenheit, von der ſie präjudiziert würde, zu wenig ſchon erworbenen Lebensſtoff, um mit den Bedingungen, unter denen er erworben iſt, verwachſen zu ſein; ſie wird ſich in einheitlicher Anpaſſung an die neue Baſis entwickeln. Für uns Ältere aber, die wir in der ganzen Epoche ſeit 1870 unſer Leben geformt haben, liegt ein Abgrund von kaum abſchätzbarer Breite zwiſchen ehemals und künftig, vor dem wir ſtehen wie vor der Entſcheidung: noch einmal ein Leben auf neuen

Voraussetzungen und in neuer Atmosphäre aufzubauen, oder, wenn die Kraft dazu nicht reicht, in Desorientiertheit und als unbrauchbares Überlebsel zugrunde zu gehen. Wir wissen nur, daß auch der glücklichste Erfolg den unsäglich vielgliedrigen, in unsägliche Kompliziertheiten verfeinerten Aufbau des bisherigen Deutschland nicht einfach wieder erstehen lassen kann; sondern das unbekannte Deutschland, das er verspricht, wird in jedem Fall ein anderes sein. Und dieses mehr oder weniger deutliche Bewußtsein, daß Deutschland von neuem in den Schmelztiegel geworfen ist, hat die maßlose Erschütterung dieser Tage vielleicht von noch tieferen Schichten her motiviert, als die unmittelbare kriegerische oder politische Gefährdung.

Diese Wandlung heftete sich zunächst an einen neu gefühlten Zusammenhang zwischen dem Einzelnen und der ganzen Nation. Was viele von uns vielleicht theoretisch gewußt haben: daß in der Existenz des Individuums nur ein beschränkter Teil wirklich individueller, auf sich selbst ruhender Besitz ist — das gewinnt in der ruhigen Alltäglichkeit kein entschiedenes Bewußtsein, weil in ihr nur das, was die Menschen voneinander unterscheidet, von praktischem Interesse und Wirksamkeit ist. Den gemeinsamen Grund müssen erst starke Stöße in seiner Selbstverständlichkeit erschüttern, damit man ihn fühle, damit man wisse: wenn er sich aufreißt und wieder zu neuen Gestalten ballt, so wird nicht einfach ein abzugrenzender Teil deiner persönlichen Existenz ein anderer; sondern du hast nur eine Existenz, in der das Individuellste und das Allgemeinste sich an jedem Punkt zur Lebenseinheit durchdringen. Daß die mechanische Teilung zwischen jenen beiden untertaucht, ist einer der größten Gewinne dieser großen Zeit, der wieder einmal den organischen Charakter unseres Wesens fühlbar macht. Nur eine lange Periode ohne tiefste Aufrüttelungen läßt

die mechaniſche Anſicht aufkommen, für die das Gemein-
ſame und das Eigene wie in räumlicher Getrenntheit,
jedes für ſich, exiſtieren. Die Epochen, in denen vor den
Erſchütterungen des Lebensgrundes jene abſtrakte Künſt-
lichkeit der Trennungen zuſammenfällt, ſind von der
Ganzheit und der Größe des Lebens erfüllt. Sie bezeichnen die Wendepunkte, an die ſich eine neue Organi-
ſierung des Lebens anſetzt, eine Änderung ſeiner Ganzheit — gleichviel ob in der Unabſehlichkeit des Zukünftigen auch dieſe wieder der mechaniſtiſch erſtarrten Son-
derung verfällt und ein neuer Schmelzprozeß zur ge-
ſchichtlichen Forderung wird. Für gewöhnlich kommt der
einheitliche Zuſammenhang zwiſchen dem Einzelnen und
dem Ganzen auf arbeitsteilige Weiſe zuſtande: der eine
ſetzt die eine Leiſtung oder Bedeutung ein, der andere
eine andere, jeder bedarf deshalb der Ergänzung durch
den andern; durch die Verantwortung für ſeine Sonder-
leiſtung und durch deren Austauſch, der ſich durch das
ganze nationale Leben erſtreckte, wußte ſich der Einzelne
dem Ganzen verbunden. Während dies natürlich weiter-
beſteht, hat in dieſen Tagen noch eine ganz andere Art
von Einheit ſich unſeres Gefühles bemächtigt: nicht erſt
durch den Kanal eines differenzierten Tuns oder Seins,
ſondern ganz unmittelbar iſt auf einmal der Einzelne
in das Ganze eingegangen, an und in jeden Gedanken
und jedes Gefühl iſt eine überindividuelle Ganzheit gewachſen. Dieſe Geſamtheit iſt nicht nur die Verwebung
von Einzelweſen und ihrer Einzelkräfte, iſt aber auch
nicht ein Etwas jenſeits der Einzelnen, wie ſublime Sozial-
lehren es mit einer teilweiſen Richtigkeit darſtellen. Sondern in dem jetzigen Erlebnis leuchtet aus dem neuen
Grad, der neuen Art von Verantwortung und von Opfer
auch ein neues Verhältnis von Individuum und Geſamtheit auf, deſſen begrifflicher Ausdruck ſchwierig oder

widerspruchsvoll ist und dessen reinste Anschaulichkeit der
Krieger im Felde ist: daß gleichsam der Rahmen auch
des individuellsten Lebens durch das Ganze ausgefüllt
ist. Zwischen dem Einzelnen und dem Ganzen besteht kein
Jenseits mehr, so daß selbst „Hingebung" kein ganz zu-
treffendes Wort ist: man braucht sich nicht erst hinzu-
geben, wo das Gefühl von vornherein keine Scheidung
zeigt. Und wie für das Nebeneinander der Mitlebenden,
gilt dies für das Nacheinander der Zukünftigen. Das
ist das Wundervolle dieser Zeit, daß der Tag über den
Tag hinausreicht, daß alles Praktische, alles Augenblickliche für die Gestaltung Deutschlands, in unabsehbare
Zukunft hinein, wichtig ist. Früher war jedes solche Tun
viel mehr mit seinen nächsten Folgen abgeschlossen, es begrenzte sich an der Stabilität der Verhältnisse. Jetzt
aber, wo alles labil geworden ist, fließend, durcheinander-
geworfen, von Neuem bildsam — jetzt streckt sich die
Wirkung jeder einzelnen Handlung sehr viel weiter hin,
ist unberechenbar bedeutsamer und wir sind deshalb für
eine jede in sehr viel höherem Maße verantwortlich als
früher. Daß wir jetzt nichts denken und nichts tun
können, was nicht Bestimmung und Baustein für die
ganze Zukunft wäre, das gibt dem heutigen Leben seine
Schwere, aber auch seine Würde.

Wenn niemand heute prophezeien kann, wie das andere
Deutschland aussehen wird, sondern nur daß es anders
aussehen wird, so ist gerade dieses nicht-wissende Wissen
das erste Zeichen davon, daß wir an einer Wende der
Zeiten stehen. Denn Berechenbarkeit der Zukunft bedeutet,
daß sie schon irgendwie makroskopisch in der Gegenwart
liegt oder aus deren Stücken gleichsam mechanisch kon-
struierbar ist. Wo aber die Zeit wirklich neu werden
will, da liegen die Elemente der Zukunft unerkennbar
tief in der Gegenwart, da steht ein nur den Meta-

morphofen des Lebens vorbehaltener Umschlag in
Frage, den niemand errechnen kann. Darum auch fühlen
wir alle fo ftark, daß wir jetzt Geschichte erleben, das
heißt, ein Einmaliges; alle Vergleiche davon mit Ver-
gangenheiten haben etwas Schiefes. Denn was an einem
Erlebnis, fo bedeutfam oder fo gering es fein mag, wirklich Geschichte ift, ift die Geburt eines noch nicht Da-
gewefenen, ift die Wendung des Weltgeiftes zu einem
Gedanken, den er nicht auf dem Wege der Affoziations-
pfychologie faffen konnte. Plötzlich wird einem klar, wie
fehr man vorher im Nicht-Geschichtlichen gelebt hat;
entweder, als Tageswefen, in dem, was zu jeder Zeit, ein
wenig fo oder fo variiert, das Leben des Alltags erfüllt:
Hunger und Liebe, Arbeit und Erfolg, Freuden und
Leiden unfrer Vergänglichkeit; oder, als Exiftenz höherer
Geiftigkeit, lebten wir im Zeitlofen. Wir waren entweder
unterhalb des eigentlich Hiftorischen oder wir waren
oberhalb feiner. Jetzt aber wird unfer Bewußtfein
emporgeriffen zu dem Punkte, wo wirklich Wende und
Wandlung zwischen endgültig Vergangenem und unge-
borenem Neuem geschieht, wo wir wirklich Geschichte erleben, alfo einen Teil des einmaligen Weltprozeffes, fo
daß wir wiffen: das Leben wird ein anderes fein.

Darum wird felbft die Vermutung, die ihre Subjektivität zugibt, nur das Negative wagen dürfen: dies
und jenes wird nach diefer Zeit nicht mehr fein — und
auch fie wird, um nicht im Uferlofen umzutreiben, das
Innerliche in feiner Verwandtfchaft mit äußerlichen Tat-
fachen auffuchen. Deutschland wird, auch bei glücklichem
Ausgang des Krieges, vergleichsweife arm zurückbleiben.
Was an Induftrien, an Handelsverbindungen, an Ein-
richtungen, an gut begründeten wie an gewagten Unter-
nehmungen heute fchon zufammengebrochen ift, was durch
den Stillftand der Betriebe verloren gegangen ift, kann

kein Mensch übersehen. Daß wir alle auf den einen Gedanken: Krieg und Sieg — konzentriert sind, das trägt uns — das ist ebenso Notwendigkeit wie Glück — für jetzt noch über die Errechnung dieser Zerstörungen hinweg. Ich bin überzeugt, daß sie jedes Maßstabes spotten, den man heute etwa anlegen möchte. Und wenn man auch ebenso überzeugt ist, daß wir gesund und stark genug sind, unsere Wirtschaft von neuem aufzubauen, so wird eine lange Zeit dazu gehören; auch der europäische Haß, der wohl die Erbschaft dieses Krieges sein wird, selbst wenn dieser Haß sich keineswegs nur gegen uns richten, sondern, wie ich überzeugt bin, auch die jetzt gegen uns Vereinten entzweien wird, und die Zusammenbrüche an allen Ecken und Enden des weltwirtschaftlichen Kreises — all dieses wird die Heilung unserer wirtschaftlichen Wunden nicht beschleunigen.

Aber sehr wohl könnte die Innenseite dieser Einbuße ein Gewinn sein. In den letzten Jahren hat eine Erscheinung bei uns überhand genommen, die ich Mammonismus nennen will. Ich meine damit nicht das, was für jeden nicht mehr barbarischen Zustand offenbar unvermeidlich ist: daß das Geld, das Mittel für fast alle Wünschbarkeiten der Menschen, das Mittel schlechthin, für den Menschen zu einem Endwert und Selbstzweck auswächst. Ist dies aber noch immer eine Form des subjektiven Begehrens und eine psychologische Abkürzung praktischer Zweckmäßigkeiten, so bezeichnet Mammonismus eine Steigerung hiervon sozusagen in das Objektive und Metaphysische: die Anbetung des Geldes und des Geldwertes der Dinge, ganz gelöst von dem eigentlich Praktischen und dem persönlich Begehrlichen. Man muß solche Erscheinungen, weil sie sich ja nie in reiner Isolierung darbieten, mit paradoxer Zugespitztheit aussprechen, um sie innerhalb der seelischen Chaotik über-

haupt einmal sichtbar zu machen. Wie der wahrhaft
Fromme zu seinem Gott betet, nicht nur weil er etwas
von ihm wünscht oder hofft, sondern frei von solchen
subjektiven Triebfedern, nur weil er Gott ist, das absolute,
das um seiner selbst willen Anbetung fordernde Wesen —
so verehrt der Mammonist das Geld und den in Geld
ausdrückbaren Erfolg alles Tuns, sozusagen selbstlos, in
reiner Ehrfurcht. Mag also diese Erscheinung auch
immer nur in Verwebung mit eigentlicher Geldgier, mit
Gewinn- und Genußsucht auftreten — daß sie überhaupt
da war, daß namentlich in unsern großen Städten dieses
Transzendentwerden des goldenen Kalbes, dieser Idealismus der Geldwertung endemisch wurde, schien mir eine
feinere und tiefere Gefahr als alle jene mehr materia-
listischen, mehr habsüchtigen Begleitschatten der Geld-
wirtschaft.

Unsere große Bedrohung war nicht der unmittelbare
Materialismus, der sein Korrektiv im Lauf der Zeit schon
von selbst hervorruft, sondern daß er sich in allerhand
Ideologien weltanschaulicher und ethischer, ästhetischer und
politischer Art umsetzte. Es haben aber die Erschütterungen dieser Zeit es in Hinsicht der wirklich idealen
Werte vielen eindringlich gemacht, daß die partielle
marxistische Wahrheit: solche Werte seien nur der
Überbau über materiellen Interessen — auch umge-
kehrt gilt: alle materiellen Werte sind jetzt der bloße
Überbau über tiefsten seelischen und idealen Entscheidungen und Entschiedenheiten. Deutschlands ökonomische
Opferbereitschaft bedeutet gar nichts andres, als daß
diese Werte sich in jene Rangordnung einstellen[1] —

---

[1] Diese Äußerung ist als optimistische Täuschung aufgefaßt worden.
Sie besagt indes keineswegs, daß der Mammonismus nun als über-
wunden gelten solle, sondern nur, daß eine gewisse, d. h. ungewisse
Zahl von Menschen, deren letztes Wesen er noch nicht vergiftet hatte,

womit sie, wie ich zeigen werde, keineswegs irgendwelchen
überdeutsch-objektiven Idealen verhaftet sind.

Ich gehe noch einer andern Folge unserer wirtschaftlichen Einbußen nach, die dem Gelehrten besonders nahe-
liegt. Unsere Wohlhabenheit hat der Wissenschaft —
der Literatur überhaupt — ein Überangebot von Kräften
zugeführt: von Leuten mit einem Spürchen von Begabung
und geistigem Interesse, oder die von der sozialen An-
gesehenheit der geistigen Schichten profitieren wollen oder
denen an Titeln und Karriere liegt. Es sind wieder
einmal die vorhandenen Produktivformen von den vorhandenen Produktivkräften überflutet worden — nur
daß es eben Pseudokräfte waren, wie der Vermögens-
besitz sie oft verleiht, indem die ganz unspezifische Potenz
des Geldes sich selbstbetrügerisch in die Idee einer persönlichen Fähigkeit umsetzt. Was Deutschland seinem
Wissenschaftsbetrieb verdankt, ist jenseits aller Erörte-
rung; allein nun ist es nicht zu leugnen: unsere Wissenschaft ist, wie man es früher vom Handwerk sagte,
„übersetzt". Wissenschaft, ursprünglich erwachsen als

---

aus ihrer gedankenlosen Gefolgschaft aufgeschreckt sind. Die in-
zwischen verlaufenen Kriegsjahre haben mit Kriegswucher und Über-
forderungen, Hamsterei und Methoden der Kriegssteuerhinterziehung
gezeigt, daß von einer allgemeinen Überwindung des Mammonismus
nicht die Rede sein kann. Im Gegenteil hat der Krieg auch hier
offenbart, was man seine metaphysische Leistung nennen kann: er
ist der große Scheidungsprozeß zwischen Licht und Finsternis,
zwischen dem Edlen und dem Gemeinen, denen die läßliche Friedens-
zeit unentschiedenere Grenzen gestatten konnte; so zwischen den
Völkern wie innerhalb der Völker, ja innerhalb der Individuen.
Es scheint zum Lebensrhythmus der Menschheit zu gehören, daß
sie von Zeit zu Zeit solche Epochen der Differenzierung erfährt, in
denen Farbe bekannt wird und aus denen sie dann wieder in eine
mehr kontinuierliche Verbindung ihrer Pole, in einen toleranteren
Relativismus ihrer Werte übergeht. Der Krieg hat dem Leben eine
ungeheure Intensitätssteigerung gebracht, in der die wundervollen
Menschen noch wundervoller, die Lumpen noch lumpiger geworden
sind.

das Betätigungsfeld relativ weniger, aufopferungs=
voller Menschen, kann den Umfang ihrer sinnvollen und
legitimen Aufgaben nicht so schnell erweitern, daß für
den ganzen Strom der in ihr sich Betätigenden, dessen
Schleusen unsere Wohlhabenheit aufgezogen hat, darin
Platz wäre. Die Folge dieser Überflutung des wissen=
schaftlichen und literarischen Arbeitsgebietes — mag die
Flut auch durch an sich höchst wertvolle Tendenzen des
deutschen Geistes in dieses Bett geleitet sein — ist das
sinnlos werdende Spezialistentum, die literarische Über=
produktion, das Verschwenden vieler Kräfte an abgelegenste
Probleme, die von den eigentlichen Werten der Erkenntnis
abgeschnürt sind. Gegenüber der an ihrer Stelle durch=
aus richtigen, aber durchaus nicht an j e d e r Stelle rich=
tigen Wertung der „Andacht zum Kleinen", der „beschei=
denen Kärrnerarbeit", der „nützlichen Bausteine" sollte
man den Mut haben, einzugestehen: es gibt auch ein
überflüssiges Wissen, gewissermaßen parasitäre Erkennt=
nisse, die mit dem wirklich Wissenswürdigen gar keinen
realen Zusammenhang haben, sondern nur aus der for=
malen Gleichheit der Methoden und damit, daß in
a n d e r n Fällen das scheinbar Unbedeutende sehr wichtig
werden kann, eine illegitime Schätzung genießen. Wenn
es aber künftig nicht mehr so vielen ihre äußeren Mittel
erlauben werden, Doktoren der Philosophie oder gar
Privatdozenten — oder etwa nur Schriftsteller über=
haupt — zu werden, so ist zu hoffen, daß sich nur die=
jenigen der Wissenschaft widmen werden, denen es ihre
inneren Mittel erlauben, oder vielmehr: gebieten; und
vor allem, daß die Arbeiten sich mehr auf das wirklich
Wissenswerte und Wesentliche beschränken werden. Wir
alle wissen, daß die letzten Jahrzehnte in Deutschland
neben einer ungeheuren wissenschaftlichen Betriebsamkeit
eine erschreckende Abkehr des Denkens von den entschei=

Simmel, Der Krieg. 2

denden, grundlegenden Problemen brachten. Wenn seit
wenigen Jahren schon eine Reaktion darauf bemerklich
war, eine Wiederaufnahme der Probleme, die die Ganzheit des Lebens von seiner Wurzel her bestimmen — so
wird das ökonomische Bescheidenerwerden auch hier diesen
Krieg als den äußeren Vollstrecker des innerlich schon
Angelegten und Ersehnten offenbaren; er zerstört freilich
auch hier, aber gewissermaßen von den äußeren Schichten
her, den wertloseren, zum Absterben bestimmten; möge
er den Kern nicht nur übrig lassen, sondern ihm stärkere
Sichtbarkeit und reichere Entfaltung gewähren!

Daß wir nur mit so ungefähren oder negativen Bestimmungen von dem kommenden Deutschland reden
können, wie ich es hier für einzelne Punkte versuchte, —
das bedeutet heute die Unbegrenztheit eines nicht aus-
gemünzten Reichtums. Und so verhüllt uns noch die
Formen seiner Realisierung sind, eine Gesamtform dieser
scheint sich schon heute aufzuarbeiten, freilich eine, von
deren Wesen Kampf und Leiden, Härte und Verzicht
unabtrennlich sind: die Scheidung zwischen dem, was in
Deutschland noch lebens- und zeugungsfähig ist, und dem,
was an die Vergangenheit angenagelt und ohne Recht
an die Zukunft ist: Menschen und Institutionen, Welt-
anschauungen und Sittlichkeitsbegriffe. Die behagliche
Ungestörtheit des Friedens mag es sich leisten können,
das Überständiggewordene, innerlich Abgestorbene noch
mitzurechnen, es mittels allmählicher Übergänge mit dem
wirklich Lebendigen zu vereinheitlichen. Mit der Härte
und Entschiedenheit, zu der der Krieg unser Dasein aus-
gehämmert hat, verträgt sich dies nicht länger, er stellt
alle und alles vor ein unbarmherziges Entweder-Oder
von Wert und Recht und läßt nur noch Raum für das
wahrhaft Keimkräftige und Echtgebliebene; was unserm
bevorstehenden Leben, dem wir kaum mit dem Aller-

äußersten von Kraft und Leistungswerten genügen können,
sich nicht mehr fördernd einfügt, muß ausgestoßen werden,
in die Not und Arbeit unserer Zukunft können wir nicht
mehr mitschleppen, was uns der Kräfteüberschuß der
weniger beanspruchenden Vergangenheit zu konservieren
erlaubte. Daß unsere Siege das Opfer jener herrlichen
alten Kathedralen forderten, das ist, freilich ins schmerzhaft Groteske übertrieben, dennoch ein Symbol dessen,
was auch uns bevorsteht. Wer nicht mitbauen kann an
dem neuen Deutschland, muß beiseite stehen, welche
Menschen und Dinge innerlich schon gerichtet und unfruchtbar geworden sind, an denen vollzieht der Krieg
nur den Richterspruch. Denn seine Erschütterungen
schütteln die Bäume, daß abfällt, was überreif ist und
nur lässiger Duldsamkeit noch frisch erschien. —

Doch will ich bei alledem nicht leugnen, daß erst die
letzten Jahre und dann wieder die letzten Wochen mir
den Glauben an die ideelle Bedeutung eines deutschen
Krieges gegeben haben. Lange Zeit stand mir die Voraussicht eines Krieges mit Frankreich unter dem beängstigenden Gedanken, daß Frankreich in ihn eine Idee
einzusetzen hatte; die Revanche war die in ihrer Art
sittliche Idee, an der das innerlich sehr dissolute, an
vielen Punkten zerfallende Frankreich eine Einheit, einen
Zielpunkt, einen Halt besaß; der nationalistische Idealismus hat die — freilich wohl sehr dünne — Oberschicht
französischer Jugend genährt, an der man seit einigen
Jahren eine zweifellose Steigerung von Ernst, Vertiefung,
moralischer Kraft beobachten konnte. Das also war
keine Frage: die Revanche bedeutete für Frankreich nicht
materielles oder territoriales Interesse, auch nicht einfache
Ruhmsucht oder Eitelkeitstic, sondern sie war eine Idee,
deren Fahne fast alles — ich nehme die sozialistischen
Bestrebungen aus — zusammenführte, was Frankreich

an männlicher Kraft und praktischem Idealismus besitzt.
So hat eine „Idee" uns 1870 geführt: es galt den
Gewinn der deutschen Einheit, die endliche Verwirklichung
eines idealistischen Traumes. Was aber, das diesem und
der französischen Revancheidee entspräche, hätten wir
einzusetzen? Nichts Positives, so schien es, sondern eine
bloße Verteidigung dessen, was wir schon haben, kein
von fern her winkendes Ziel — was hätten wir wohl
in einem Kriege mit Frankreich noch zu gewinnen? So
schien mir Frankreich einen ungeheuren seelischen Kraft-
faktor vor uns vorauszuhaben. Die Ereignisse, in denen
nicht nur Frankreich, sondern sozusagen die ganze Welt
gegen uns steht, haben mich eines besseren belehrt. Ich
wage die Behauptung, daß die meisten von uns erst
jetzt das erlebt haben, was man eine absolute Situation
nennen kann. Alle Umstände, in denen wir uns sonst
bewegten, haben etwas Relatives, Abwägungen des
Mehr oder Weniger entscheiden in ihnen, von dieser oder
jener Seite her sind sie bedingt. All solches kommt jetzt
nicht mehr in Frage, wir stehen mit dem Kräfteeinsatz,
der Gefährdung, der Opferbereitschaft vor der absoluten
Entscheidung, die keine Ausbalanzierung von Opfer und
Gewinn, kein Wenn und kein Aber, kein Kompromiß,
keinen Gesichtspunkt der Quantität mehr kennt. Mit
diesem Ungeheuren, das uns nie ein Krieg mit Frankreich
allein, sondern nur ein Krieg, wie wir ihn jetzt führen,
bringen konnte, sind wir einer Idee verhaftet. Denn
die Frage: soll Deutschland sein oder nicht sein — kann
nicht mit dem Verstand der Verständigen und seinen
immer relativen Wägungen beantwortet werden, freilich
auch nicht mit dem kindlichen Gemüt. Hier entscheidet
allein — auch für den, der das Wort Idee nie gehört
oder nie verstanden hat — jene höchste Instanz unseres
Wesens, die Kant „das Vermögen der Ideen" nennt —

das heißt das Vermögen, ein Unbedingtes zu erfassen. Denn alles Einzelne und Bedingte, das uns sonst bestimmte, liegt unter uns: wir stehen — was das Leben sonst nur wenigen von uns gestattete oder abforderte — auf dem Grund und Boden eines Absoluten.

Diese innere Lage ist es, die ersichtlich das Ausland nicht versteht und die unsere europäische Einsamkeit bedingt. Daß unsere Not und unsere Verteidigung um die bare physische und wirtschaftliche Lebensmöglichkeit geht und zugleich um das höchste Seelische und Ideelle — um das zu begreifen, scheint es, muß man selbst im Zentrum des Erlebens stehen; offenbar erst von ihm aus weiß man die unerrechenbare Einheit von diesen beiden — eben jene Absolutheit unserer Lage, während die von außen Zusehenden diese Lage immer nur aus einzelnen Interessen, Nöten, Wertungen konstruieren und wägen wollen. Dabei ist heute die einzige Möglichkeit, sich die überparteimäßigen Wertungen in ihrer Objektivität rein zu erhalten, daß man sich entschieden, bewußt, willensmäßig auf die subjektive und Parteiseite stellt. Ich liebe Deutschland und will deshalb, daß es lebe — zum Teufel mit aller „objektiven" Rechtfertigung dieses Wollens aus der Kultur, der Ethik, der Geschichte oder Gott weiß was heraus. Sobald ich auf solche eintrete, bin ich gerade in der Gefahr, diese objektiven Werte zu verunsachlichen, und in der Gefahr jedes Beweisenden: widerlegt zu werden. Unwiderleglich ist nur das Unbeweisbare — unser Wille zu Deutschland, der sich über alle Deduktionen stellt. In jeder Bedeutung ist es abzulehnen, daß „Deutschland siegen muß, wenn die Geschichte einen Sinn haben soll". Aus dem „Sinn der Geschichte" — den erkennen zu wollen sowieso ein Größenwahn des Intellekts ist — diese Forderung herauszuholen, ist ein sinnloser Umweg. Wir würden für Deutschland kämpfen, auch wenn damit einem angeblichen „Sinn der Geschichte" schnurstracks entgegengehandelt würde.

Und in dieser Richtung noch eines. Die „Idee", sagte ich, unter der Deutschland 1870 kämpfte und siegte, war der Gewinn der deutschen Einheit, und wir haben ihr jetzt keine zur Seite zu stellen, die mit einem so einfachen, durchschlagenden Worte zu benennen wäre. Der Tatsache nach aber ist, was wir jetzt erleben, erst die Vollendung von 1870. Von neuem gilt es, das Reich zu gewinnen, nur wie auf einer höheren Stufe, in einem höheren Sinne des Gewinnens, dessen äußre Erscheinung nur ist, daß es gilt, es zu schützen; nicht aus dem Noch-Nicht, wie damals, ist es aufzubauen, sondern aus einer Wirklichkeit seiner, von der erst die jetzigen Tage vielen gezeigt haben, daß sie erst eine Möglichkeit, ein Material ist. 1870 haben wir geglaubt, es wäre ein Definitives gewonnen; jetzt sehen wir: es war ein Vorläufiges! Dies sind die großen Wendepunkte des Lebens, an denen sein Entwicklungscharakter, historisch wie metaphysisch, hervortritt; das für fertig Gehaltene, Abgeschlossene enthüllt sich als ein Vorläufiges, Potentielles, Baustoff eines Neuen und Höheren, auch die Frucht zeigt sich als Samen. Damals wurde das Reich geboren, heute geht es — und das wissen wir vielleicht erst heute — aus dem Jünglingsalter in das Mannesalter über, mit den neuen Aufgaben, den furchtbaren Gefahren, und ungeahnten Verantwortungen, mit denen solcher Übergang sich vollzieht.

Ich verfolge dies noch in einer Linie, die wieder einen wirtschaftlichen Ausgangspunkt hat. Seit 40 Jahren sind uns die „Gründerjahre" ein schreckhaftes Symbol von volkswirtschaftlicher Ausschweifung, Unsolidität, übermütigem Materialismus. Ich glaube, wir können sie heute etwas historisch gerechter ansehen. In den

deutschen Staaten war bis zum Jahre 70 ein ungeheures
Maß von wirtschaftlichen Spannkräften aufgehäuft, die
keine rechte Entladung finden konnten: trotz des Zoll-
vereins hemmte die Kleinstaaterei, hemmte der Mangel
an einheitlicher politischer Macht nach außen hin, hemmten
vielleicht auch noch von 66 zurückgebliebene Rankünen
die Entwicklung der gleichsam in der Knospe verschlossenen
wirtschaftlichen, insbesondere industriellen und bank-
gewerblichen Möglichkeiten. Wir alle wissen, wie die
Reichsgründung diesen Bann löste; 1870 bedeutete für
die Freilegung dieser deutschen Kräfte etwa, was 1789
für die des tiers Etat bedeutete. Die Gründerperiode
erscheint als das erste, ungeschlachte und unbehilfliche
Stadium dieser Entwicklung, die Vorwegnahme von Er-
folgen und Gewinnen, die allerdings eine lange Arbeit
erst reifen konnte — begreifbar aber aus dem Gefühl
einer endlich hemmungslosen Energie, die ihre Grenzen
noch nicht erfahren hat. Die Entfaltung der wirtschaftlichen Dynamik war das prinzipiell Neue, das uns das
Reich brachte, und dies war der Grund, weshalb die
Betonung des öffentlichen Interesses zunächst nach dieser
Seite fiel, „materialistisch" wurde. Nietzsche, der die hierin
enthaltenen Gefahren allerdings mit einzigartiger Klar-
heit sah, war doch zugleich so davon geblendet, daß er
diese Ausschweifung plötzlich freiwerdender Kräfte nicht
in ihrer psychologischen Unvermeidlichkeit erkannte, nicht
erkannte, daß dieser Materialismus der jugendliche Über-
schwang war, der sich mit den anderen älteren Lebens-
mächten erst allmählich ins Gleichgewicht setzen konnte.
Wie er, der die historische Zufälligkeit der bestehenden
Moral aufs schärfste durchschaute, doch ihrer Suggestion
so unterlag, daß er sie mit der Moral überhaupt
identifizierte und seinen Kampf gegen jene als Immora-
lismus schlechthin bezeichnete — so machte die Veräußer-

lichung, Verwirtschaftlichung des Lebens auf ihn den Eindruck eines Absoluten; so daß er in der aus ihr aufsteigenden sozialen Bewegung vom Ende des 19. Jahrhunderts nur das Äußerliche, Materialistische, primär Ungeistige sah, und nicht begriff, welche ungeheure weltgeschichtliche Idee und weltgeschichtlicher Idealismus mit ihr jenen Materialismus zu durchdringen begann und sich über ihn als ihren bloßen Fußpunkt hinaus entwickeln wollte.

Gleichviel wie man diese Entwicklung werte — wir hatten also vor 1870 eine Unermeßlichkeit wirtschaftlicher Potentialitäten, die die Reichsgründung in Wirklichkeiten umzusetzen und damit einen völlig veränderten Aspekt Deutschlands zu schaffen gestattete; und nun erhebt sich die Frage: besitzt das jetzige Deutschland Spannkräfte, die entsprechend durch unsern Krieg gelöst werden können und ihn damit wiederum zum Ausgangspunkt eines andern Deutschland machen werden? Möglichkeiten dieser Art kann man nicht beweisen; ich glaube aber, daß ihre Bejahung nur ein in vielen von uns lebendiges Gefühl ausspricht. Nur daß damals wirtschaftliche, heute aber geistige Möglichkeiten in Frage stehen. Was immer von solchen verwirklicht werden mag, sie scheinen mir als Erfolge des jetzigen Erlebnisses ihr tiefstes Wesen darin zu haben, daß sie nicht, wie Eroberungen, eine gleichsam äußere Hinzufügung von Neuem, unserem Leben bisher ganz Unverbundenem bedeuten. Sondern wie Früchte sind sie, die schon lange vor der Reifung standen, vielleicht noch lange vor ihr gestanden hätten; nun aber hat Blut und Kraft dieser Zeit alle Säfte des deutschen Lebens in sie getrieben und gesammelt und hat zu äußerer Wirklichkeit gereift, was längst innere Notwendigkeit war. So litt unser Leben — um einen Punkt als symbolisch für viele andre hervor-

zuheben — unter den Gegenſätzen einer materialiſtiſchen
und einer äſthetiſierenden Führung. Vielleicht war der
Materialismus der zuerſt unvermeidliche Schatten jenes
wirtſchaftlichen Aufſchwungs — der dann als ſeinen
nicht minder extremen Gegenſchlag die blaſſe Überfeinerung
des Äſtheten hervorrief. Es beſteht eine tiefe innere
Verbindung zwiſchen der zu nahen Feſſelung an die Dinge
und dem zu weiten Abſtand, der uns mit einer Art von
„Berührungsangſt" ins Leere ſtellt. Wir wußten längſt,
daß wir an beiden zugleich krank und doch zur Geſundung
reif waren, die wir von der Kriſis des Krieges erſehnen.
Für wen hundertmal die Frage der Stunde zwiſchen
Leben und Tod ſtand oder wer auch nur zu Hauſe Tag
für Tag von dem unbedingten Schickſal dieſer Zeit erfüllt war, der hat erfahren, wie wenig das Leben auf
das bloß Materielle der Dinge und wie wenig es auf
den bloßen Reiz ihrer Form zu ſtellen iſt. Wenn überhaupt irgendein innerer Erfolg des Krieges uns ſicher
iſt, ſo iſt es dieſer: daß unzählige von uns mehr als
bisher am Weſentlichen leben werden; wer an irgend-
einem Punkt ſeiner Exiſtenz ein Weſentliches beſaß, an
dem müſſen die Erſchütterungen dieſer Zeit es gereift und
herausgebracht haben, nachdem die Vergangenheit es
nach jenen beiden Polen hin zu zerſtreuen drohte.

Aber vielleicht iſt die Wende der Zeit noch weiter aus-
greifend zu bezeichnen.

Seit einer Reihe von Jahren gehen die geiſtigen Be-
wegungen in Deutſchland, wie aus der Ferne freilich,
fragmentariſch, mehr oder weniger bewußt, auf das
Ideal eines neuen Menſchen zu. Die Schicht, aus
der dies Gedankengebilde ſich entwickelt, beginnt, wenn
ich richtig beobachtet habe, etwa vom Jahre 1880 an
zuſammenzuſchießen. Außerhalb ihrer wohnt, wer um
dieſe Zeit herum ſeine geiſtige Entwicklung ſchon abge-

schloſſen hatte; wer aber dann noch bildſam war, auf
den haben Nietzſche und der Sozialismus gewirkt, der
Naturalismus und das neue Verſtändnis der Romantik,
Richard Wagner und die Technik der modernen Arbeit,
das Wiederaufleben von Metaphyſik und Religioſität
und die ſpezifiſch moderne, aus Veräußerlichung und
Vergeiſtigung zuſammengewebte Äſthetik der Lebens-
geſtaltung. Gleichviel, wie annehmend oder ablehnend
der Einzelne ſich zu jedem dieſer Elemente geſtellt hat:
irgendwie hat er ſich zu jedem geſtellt, hat es zu einem
poſitiven oder negativen Faktor ſeiner inneren Struktur
werden laſſen. Er iſt der moderne Menſch geworden —
freilich eben noch nicht der neue Menſch, von dem jetzt
unſere Hoffnung ſpricht; aber er hilft deſſen Fruchtboden
bilden, aus ſolchen Menſchen iſt jene Schicht zuſammen-
gewachſen, deren wirr hin und her ſchießende Beſtre-
bungen und Gläubigkeiten, Bejahungen und Verneinungen
nun nicht mehr — und das iſt das ganz Entſcheidende —
ein einzelnes Haben oder Sein, ſondern die Idee eines
neuen ganzen Menſchen gemein haben. Das iſt nicht ein
einzelner in concreto möglicher Menſch — von einem
Meſſias rede ich hier nicht —, ſondern eben eine über-
ſinguläre Idee, wie der „natürliche Menſch" Rouſſeaus
es war, der auch nicht ein ſo und ſo ausſehender, plötzlich
einen neuen Begriff realiſierender war, und in dem dennoch, mit ungeheurer realer Wirkung, alle möglichen
Sehnſüchte und Wertungen des 18. Jahrhunderts zu-
ſammenſchoſſen. Verfolgt man jede einzelne Idealbildung
für ſich, ſo ſah der neue Menſch für Ludwig Frank
ſicher ſehr anders aus, als er für Stefan George aus-
ſieht, für Oſtwald anders als für Eucken. Aber nicht
auf dieſe Unterſchiede kommt es an, ſondern daß Hoffnung, Arbeit, Ideal überhaupt auf den neuen Menſchen
geht. Nicht auf den Gewinn von dieſer oder jener Voll-

kommenheit richtet sich die Absicht; sondern eine Epoche arbeitet sich auf, in der der Mensch als ganze Existenz das Ideal einer Neubildung ist — ein Ideal, das im großen Stil nicht häufig in der Weltgeschichte auftaucht: bei den Stoikern, im paulinischen Christentum, in der Renaissance, in nicht so entschiedener Weise in der Aufklärung und dem Revolutionarismus des 18. Jahrhunderts. Jetzt wissen wir: nicht viele Dinge sollen anders werden, sondern die Einheit Mensch. Wir wissen nicht, in welchem Sinne anders er sein wird und wollen alle utopischen Überschwänglichkeiten beiseite lassen. Aber in dieser Struktur unserer gegenwärtigen Geistigkeit sehe ich das Pfand dafür, daß Deutschland wieder schwanger ist mit einer großen Möglichkeit. Es kann nicht wohl ein Zufall sein, daß das vom ersten Tage dieses Krieges an uns beherrschende Gefühl: Deutschland wird nicht sein oder es wird ein anderes Deutschland sein —, es kann kein Zufall sein, daß dies auf jene inneren Vorbereitungen trifft, verhangen und widerspruchsvoll, wie sie sein mögen, aber gerade mit ihrer Vielheit und Dunkelheit einen Reichtum verbürgend, in dem Einheit und Mannigfaltigkeit sich nicht widersprechen. Über alle einzelnen, erreichten oder noch zu erreichenden Ziele in der Wissenschaft oder in der Technik, in der Kunst oder in der sozialen Organisation hinaus ist dem Deutschen jetzt eine Ganzheit als Ziel erwachsen, ein ersehnter neuer Typus des Menschen, der seine Ganzheit und daß es sich um die Wurzel der Existenz, nicht um ihre einzelnen divergierenden Auszweigungen handelt, gerade darin zeigt, daß er dem Phänomen nach vielleicht gar nicht so erstaunlich anders aussehen wird, aber in seiner subjektiven Gesinnung und seinem objektiven Sinn ein neuer sein wird. Vielleicht aber ist der Begriff des Zieles hierfür nicht der richtige: nicht ein klar Beabsichtigtes steht in Frage, ein bestimmtes Bild, das man zweckmäßig realisiere, sondern ein von innen getriebenes Wachstum, ein organisches Werden — freilich nicht ohne eigene Arbeit sich vollziehend, denn in den Lebensprozeß des Menschen, in die Naturkraft seines Sichformens gehört die Arbeit als unmittelbares Element hinein. Nicht also eigentlich unter der Kategorie eines Zieles steht uns der neue Mensch, sondern unter der einer tiefen Gewißheit, einer mit unserm jetzigen Sein selbst gesetzten Hoffnung. Und eben weil mit ihm wieder ein Ganzes unsere Ideal-bildung zu beherrschen beginnt, verträgt es jene Mannig-faltigkeit und Gegensätzlichkeit seiner einzelnen Bestim-mungen, ja wenn keine einzelne solche sich als allen ge-meinsam zeigen sollte, würden wir — gleichviel ob wir es begrifflich rechtfertigen können oder nicht — aus-sprechen: wir alle suchen und erhoffen gemeinsam den neuen Menschen. Ungezählte Äußerungen der geistigsten Menschen Deutschlands haben mir, höchst mannigfaltig geformt, immer das gleiche Gefühl offenbart: daß dieser Krieg irgendwie einen andern Sinn hat als Kriege sonst haben, daß er eine, ich möchte sagen mysteriöse Innen-seite besitzt, daß seine äußeren Ereignisse in einer schwer aussagbaren, aber darum nicht weniger sicheren Tiefe von Seele, Hoffnung, Schicksal wurzeln oder auf diese hingehen. Nur um die Deutung dieses Gefühles handelt es sich, wenn ich von dem neuen Menschen als von dem Ideal sprach, das die früheren Lebensziele allmählich zu umfassen und zu überbauen begonnen hatte, zu dessen klarerem Anblick und hoffnungsvollerer Nähe aber dieser Krieg die sonst vielleicht noch lange verschlossenen Tore aufgerissen hat. Daß die Erneuerung unserer inneren Existenz, wie wir alle sie als seine tiefste, in alle Zukunft hinein weisende Bedeutung fühlen, nicht auf eine Ver-besserung unserer Lage, nicht auf die Steigerung irgend-

welcher Einzelwerte hingeht, ſondern auf die Einheit
und Ganzheit eines jeden — das hat ſein Symbol wie
ſeine Bedingung darin gefunden, daß erſt mit dieſem
Krieg auch unſer Volk endlich eine Einheit und Ganzheit geworden iſt und als ſolches die Schwelle des anderen Deutſchland überſchreitet.

Die Dialektik des deutschen Geistes.

„Es ist der Charakter der Deutschen,
daß sie über allem schwer werden und
daß alles über ihnen schwer wird."

Goethe, Wilhelm Meisters theatra-
lische Sendung.

Die Form, in der der Deutsche sein Lebensideal bildet, zeigt einen Typus, der von keinem anderen Volk vertreten zu sein scheint. Das Ideal des Franzosen ist der vollkommene Franzose, das Ideal des Engländers der vollkommene Engländer. Die ganze deutsche Geistesgeschichte aber erweist: das Ideal des Deutschen ist der vollkommene Deutsche — und zugleich sein Gegenteil, sein Anderes, seine Ergänzung. Daher die uralte deutsche Sehnsucht nach Italien, nicht nur nach der Schönheit und den Darbietungen des Landes, sondern auch nach dem italienischen Leben, das dem deutschen so entgegengesetzt wie möglich ist und das Viele von uns, nicht trotzdem, sondern gerade wegen dessen als das einzige ihnen gemäße, ja ihnen einzig mögliche empfunden haben. Und dies pflegten keine Bastardnaturen zu sein, sondern gerade ganz echtbürtige, kernhaft deutsche Naturen. Daß sie das Fremde, durch den Gegensatz Erlösende suchten — das eben war die echt deutsche Sehnsucht, dieses Hinauslangen über das Heimische wurde gerade von ihrer heimischen Wesensart mitumfaßt. Daran darf nicht irre machen, daß sie für das Deutschtum oft nur heftige Absage, Kritik und Spott hatten. Es ist begreiflich, daß sie, auf die andere Seite hinübergetrieben, kein rechtes Bewußtsein davon hatten, wie deutsch sie gerade in diesem Getriebenwerden waren. Die stärkste Erscheinung dieses Typus ist vielleicht Hölderlin. Ich kann nicht zustimmen, wenn man ihn einen nachgeborenen Griechen genannt hat. In ihm lebte das deutsche Begehren nach dem Gegensatz — nicht nur zu dem Gegebenen, sondern zu dem Vollendungsideal des Gegebenen — nur daß seine dichterische Phantasie ihn als ein Unmittelbares, gleichsam Gegenwärtiges anschaute. Er erscheint mir als die vollendetste Ausgestaltung jener Dialektik des deutschen

Geistes, weil seine Liebe dem Deutschtum und dem, was ihm als dessen völlige Andersheit erschien, in wunderbarem Gleichmaß galt. Deshalb war seine Sehnsucht gewiß keine romantische oder sentimentale. Denn diese bedeutet immer, daß der Dualismus nicht mehr die Einheit des deutschen Wesens ausdrückt, sondern zu der ganz anderen Erscheinung eines problematischen Schwankens gelockert ist. Hölderlin war der Jugendfreund Hegels, dessen metaphysisches Grundmotiv schlechthin nur aus deutschem Boden wachsen konnte: daß jedes Ding seinen Gegensatz verlangt und erst, indem es in diesen umschlägt, zu seiner eigenen Vollendung kommt. Es handelt sich nicht einfach um das Ungenügen an dem, was wir sind, wie es jeden Idealismus überhaupt bezeichnet, sondern daß unser Ideal dies Sein nicht nur in seiner eigenen Richtung steigert, vielmehr dessen eigenen Gegensatz in sich aufnimmt und an ihm erst sich selbst vollendet. Unsere Reiselust, unser historischer Sinn, unsere Fähigkeit und Neigung, die Geistesgebilde aller Völker uns anzueignen, sind nur Ausgestaltungen dieser Grundform unseres Wesens, und die Hegelsche Formel, gleichviel ob sie dem objektiven Wesen der Welt gegenüber ausreicht oder nicht, würde wohl ihre Zauberkraft am deutschen Geist niemals geübt haben, wenn er nicht die Wahrheit seines eigenen Seins an ihr empfunden hätte.

Dieser Grundverfassung entstammen unsere tiefsten wie unsere gefährlichsten Eigenschaften. Vor allem eine gewisse Formlosigkeit, die der Blick der anderen Nationen äußerlich bemerkt, ohne ihren tiefen Sinn zu begreifen. Wir gelangen so spät zur Form, nicht weil sie sich uns versagte, sondern weil wir jede zerbrechen, indem wir hinter ihr die entgegengesetzte als Möglichkeit und

Wert, als Ergänzung und ideellen Anspruch fühlen — zerbrechen sie damit freilich oft, bevor sie sich noch anschaulich gefestet hat. Die Formlosigkeit des russischen Wesens ist eine völlig andere. Sie entspricht der Endlosigkeit der russischen Steppe, dem weit ausladenden, keine Grenzen anerkennenden Charakter des typischen Russentums, der mit dessen mystischer Religiosität eng verbunden ist; das Verschwimmende, aber zweifellos Tiefe seines Gefühlslebens, das über alle klaren Abgrenzungen von Verstand und Willen herrscht, kann nur am Unendlichen seinen Gegenstand finden. Das Unendliche ist ihm, eben in seinem religiösen Gefühl, gewissermaßen schon Besitz, während es für uns mehr ein Streben ist, mehr der zusammenfassende Name für das Bedürfnis nach alledem, was jenseits unseres Gegebenen und Besessenen steht. So ist ihm die Formlosigkeit ein positiver Wert, für uns eine oft schmerzlich empfundene Folge jenes Bedürfnisses.

Vielleicht ist dies die notwendige Art, in der ein Volk sich entwickelt, in dem noch eine Unabsehlichkeit nicht gelöster Spannkräfte, eines noch nicht gestalteten Lebensmaterials liegt — die Art jedenfalls, mit der die höchste Wahrscheinlichkeit für das Wirklichwerden all seiner Möglichkeiten, für das Herausholen aller Entwicklungschancen gegeben ist. Wie in unserem Körper allenthalben Stückchen des noch nicht ausgestalteten Protoplasmas enthalten sind, so umschließt jedes individuelle und nationale Wesen sozusagen seelische Stoffmengen, die noch nicht Kultur geworden sind, und die Wesen unterscheiden sich nach dem Umfang dieses Materials und seiner Fähigkeit, sich in kulturelle Formen auszuwachsen. Von den Franzosen wie von den Engländern habe ich den Eindruck, daß diese dunkeln, gebundenen Energien, diese ungekannten Formmöglichkeiten bei ihnen zu einem Minimum geworden sind, daß sozusagen aus ihnen schon geworden ist, was überhaupt werden konnte. Deshalb hat man von den Roheiten und Unmenschlichkeiten, die sie in diesem Kriege offenbart haben, einen so krassen Eindruck, als lägen sie, etwas Definitives und Hoffnungs= loses, neben den Kultiviertheiten dieser nationalen Existenzen, als hätte nahezu aller Lebensstoff in ihnen, der kulturelle Möglichkeit war, sich auch schon in kul= turelle Wirklichkeit umgesetzt, und den Rest könne diese Entwicklung nicht ergreifen. Wenn man uns als den Parvenü unter den Völkern zu deklassieren meint, so versteckt sich unter diesem Spott über das Tempo unseres Werdens sicher ein unheimliches Angstgefühl über das, was wir noch werden können — weshalb denn auch die eigentliche Absicht unserer Feinde von Beginn an nicht, wie in anderen modernen Kriegen, auf einzelne Kriegs= ziele, sondern auf die Vernichtung unserer Zukunft ging. Und daß die Sympathien der sogenannten Neutralen mehr den Völkern gelten, die durchschaubarer sind und deren Möglichkeiten sich in abgeschlossener Entwickeltheit aufweisen, als einem Volk, in dem so viel Dunkles, noch Latentes, nicht Vorherzusehendes ruht — das ist nicht unbegreiflich. Wenn wir von Anfang des Krieges an das Gefühl hatten, daß uns eigentlich niemand versteht, so liegt das vielleicht nicht nur an unserer augenblick= lichen Lage, in der die Verteidigung unserer äußeren Existenz und die unserer innerlichsten Ideale zu einer von außen ersichtlich nicht nachfühlbaren Einheit ge= worden sind; sondern weil ein Wesen das Maß und die Gerichtetheit seiner noch unentfalteten Kräfte wohl selbst irgendwie fühlen mag, diese aber dem Draußenstehenden nur die Empfindung eines unverständlichen, unberechen= baren Verstecktseins geben können. Ich glaube nicht,

daß in dieser Rangierung der Nationen nach Gebunden-
heit oder Ausgewirktheit ihrer Energien eine Verblendung
und ein Chauvinismus steckt — dessen deutsche Form gerade immer noch eine Unsicherheit des Selbstgefühles
verrät. Denn an und für sich läßt sie ja ganz dahin-
gestellt, welche Daseinsform man für die höhere halten
mag, und in welcher die größere oder die geringere
Wertsumme investiert ist. Nur das scheint mir un-
bezweifelbar, daß zwischen dem relativen Überwiegen der
noch nicht ausgestalteten Lebensmaterie und der Sehnsucht
nach dem eigenen Gegensatz, nach dem, was das eigen-
augenblickliche Sein und Haben eigentlich verneint, eine
tiefe Beziehung besteht. Denn so hemmend und vielfach
aufreibend diese deutsche Idealbildung wirken mag, über
so viele Umwege und, mit Goethe zu reden, „falsche
Tendenzen" sie führen mag — schließlich gibt sie doch
die größte Chance, daß im Lauf der Zeit alles aus den
Menschen herauskomme, was überhaupt an Möglichkeiten
in ihnen liegt. Da der Deutsche sich immer mit so vielem
Antagonistischen auseinandersetzen muß, und zwar darum
auseinandersetzen muß, weil er es doch irgendwie sich
zugehörig, das Andere und Fremde irgendwie als Er-
gänzendes fühlt — so braucht er für die definitiven
Schritte seiner Entwicklung mehr Zeit als andere. Was
uns in den Jahren vor dem Krieg so vielfach besorgt
machte, war das übereilige Tempo, mit dem die deutsche
Entwicklung vorwärtszustürmen schien — bis wir uns
klar wurden, daß dieser im wesentlichen technische (und
nicht nur auf wirtschaftlichem Gebiet technische) Fortschritt jene in der Tiefe ruhenden Wesensstoffe wenig
anging, diese vielmehr ihre schwerflüssige, von unzähligen
Gegeninstanzen verführte und sich wieder zurückfindende
Entwicklung in ungestört seltenen Stufenschritten fort-
setzte. Es ist die eigentümliche Dialektik im deutschen

Wesen, daß ebenderselbe Zug, der die gründlichste, jede Möglichkeit erschöpfende Entfaltung seines Lebensmaterials zu verbürgen scheint, dieser Entfaltung von jeher schwerste Hemmnisse und Verlangsamungen bereitet[1].

Das deutsche Wesen wird durch diesen Grundzug zum Symbol eines weithin reichenden Zuges des menschlichen Weltbildes. Dessen Bestimmungen ordnen sich zu Gegensatzpaaren: das Gute und das Böse, das Männliche und das Weibliche, das Leben und der Tod und unzähliges andere, so daß der eine Begriff immer Schranke und Form am anderen findet. Nun aber wird die Relativität beider oft noch einmal von einem absoluten Sinn umfaßt, den je einer von ihnen erwirbt. Gewiß schließt Gutes und Böses in beider relativem Sinne sich gegenseitig aus; vielleicht aber ist das Dasein in einem absoluten göttlichen Sinne schlechthin gut, und dieses Gute birgt in sich das relativ Gute und das relativ Böse. Gewiß kämpft der geistige Fortschritt gegen den geistigen Stillstand; vielleicht aber ist auf dem absoluten Weltwege des Geistes das, was wir relativ Stillstand nennen, auch nur ein besonderer Modus des Fortschreitens. Gewiß begrenzen sich Leben und Tod gegeneinander mit harter Ausschließlichkeit; und doch gibt es einen letzten und absoluten Sinn des Lebens, in dem es auch den Tod in sich einbezieht und dessen relativen Sinn zusammen mit dem relativen Sinn des Lebens selbst einbegreift und unterbaut. So also steht neben dem deutschen Wesen allenthalben sein Gegensatz, sein Ausschließendes und Fremdes;

---

[1] An welchem Punkt der letzten Lebenstiefe der Gegensatz des germanischen und des romanischen Geistes wurzelt und wie er von da aus gerade im Gebiete der reinsten Anschaulichkeit, der bildenden Kunst, in die Erscheinung tritt, habe ich in meinem Buch: Rembrandt — darzulegen unternommen.

aber dieser Sinn seiner ist nur ein relativer und daneben steht sein weitester und unbedingter, in dem es auch dieses andere, ja feindliche mitumfaßt, in dem auch das Entgegengesetzte hinzugehört, als Verstandenes und Erarbeitetes, als seine begriffene, umgriffene Ergänzung und Erwünschtheit.

Dieses Grundverhalten entläßt aus sich zwei eigentümliche, sich scheinbar gegenseitig verneinende Züge des deutschen Wesens. Unzählige Tangenten, nach allen Himmelsrichtungen des geschichtlichen und des zeitlosen Geistes führend, sind an den innersten Kreis dieses Wesens gelegt, unzählige Möglichkeiten individueller Charakterisierung dieses Kreises sind damit, mit dieser Sehnsucht des Deutschen nach dem, was ihn vervollständige und was sein Anderes ist, gegeben. Dies scheint mir einerseits die letzte Formel für den deutschen „Individualismus" zu sein. So zweifellos deutsch der Einzelne sein und sich fühlen möge, so gehört doch gerade jene Sehnsucht zu ihm, die ersichtlich ein unbegrenzt mannigfaltiges Material zur Verfügung hat und deshalb eine unbegrenzte Möglichkeit jedes Einzelnen, sich von den anderen zu unterscheiden. Es ist darum ganz richtig, wenn man den Individualismus, der ebenso unseren Stolz und unseren Reichtum wie unsere Gefahr der Zersplitterung, der Parteiung, des Sich-nicht-Verstehens bildet, als etwas vom deutschen Wesen ganz Untrennbares bezeichnet hat. Jeder Deutsche, hat Bismarck einmal gesagt, würde am liebsten einen König für sich allein haben. In Wirklichkeit hat jeder seinen heimlichen König für sich, wenn man unter König einmal jene beherrschende Vorstellung verstehen darf, die aus dem deutschen Ideal im engeren Sinne und einer seiner unübersehlichen Jenseitigkeiten und Gegensätze zusammenwächst und in dieser Synthese erst das deutsche Ideal im weitesten Sinne bedeutet.

Freilich enthält dies außer jenen inneren Gefahren auch noch die äußere, daß das zweite Element das erste überwuchert und entwurzelt, daß das Bewußtsein, wo schließlich unsere letzte Kraftquelle fließt, verschwindet. Dieser Gefahr ist Nietzsche unterlegen, wenn das Ideal der „leichten Füße" und der vollendeten Form ihn in eine Wertung des romanischen Wesens hineingetrieben hat, die ihn vergessen ließ, daß ihm dies nur als Korrelat seines so spezifisch deutschen Wesens zum Ideal geworden war. Auf der anderen Seite ist damit — die verbindenden Motive liegen auf der Hand — das „Weltbürgertum" gegeben, das die Geschichte des deutschen Geistes offenbart — auch dieses für ihn ebenso einen Ruhmestitel wie unzählige, teils leichtsinnige, teils schuldvolle Abirrungen und Abzüge vom deutschen Eigenbesitz bedeutend: bei den einen eine seelische Weitspannung, die die Welt in sich einbezieht und der nichts Menschliches fremd ist, bei den anderen, die die „Welt" im Sinne des Globetrotters verstehen, eine verblasene Ausländerei, eine blinde Überschätzung alles dessen, was bloß „anders" ist, die den Wurzelboden der echten Schätzung des „Anderen" die Schätzung des Eigenen, unter den Füßen verloren hat. Die ganze Sozialgeschichte zeigt, daß Individualismus und Weltbürgertum allenthalben und aus den mannigfachsten Gründen zusammengehören. Ihre furchtbaren Gefahren, vor denen wir uns auch nach diesem Kriege nicht sicher glauben dürfen, werden erst dann vermeidbar, ihre tiefen Werte erst dann rein realisierbar werden, wenn wir nicht vergessen, daß es das Eigne des deutschen Geistes und in dieser Form nur des deutschen Geistes ist, das sie zusammenbindet; erst wenn wir sicher sind — das braucht nicht im abstrakten Bewußtsein zu geschehen —, daß es dessen innerstes Fatum und reichste Weite ist, sich selbst und seine Gegenteile als sein höheres Selbst zu umfassen, werden wir ganz von selbst vor all den Wurzellosigkeiten und Wertver-rückungen gesichert sein, mit denen jene beiden Ten-denzen bisher die Entwicklung unseres Wesens so oft aus der Bahn unserer eigensten Kraft, unseres eigensten Selbst geworfen haben.

Die Krisis der Kultur.

Rede, gehalten in Wien, Januar 1916.

Wer über Kultur spricht, muß für seine Zwecke die Vieldeutigkeit ihres Begriffes begrenzen. Ich verstehe sie als diejenige Vollendung der Seele, die sie nicht unmittelbar von sich selbst her erreicht, wie es in ihrer religiösen Vertiefung, sittlichen Reinheit, primärem Schöpfertum geschieht, sondern indem sie den Umweg über die Gebilde der geistig-geschichtlichen Gattungsarbeit nimmt: durch Wissenschaft und Lebensformen, Kunst und Staat, Beruf und Weltkenntnis geht der Kulturweg des subjektiven Geistes, auf dem er zu sich selbst, als einem nun höheren und vollendeteren zurückkehrt. An die Form von Zweck und Mittel ist deshalb jedes Verhalten, das uns kultivieren soll, gebunden. Aber dieses Verhalten ist in unzählige Teilrichtungen zerspalten. Das Leben setzt sich aus Aktionen und Produktionen zusammen, für die eine Richtungsgemeinsamkeit nur zum kleinen Teil besteht oder erkennbar ist. Die damit angelegten Zerrissenheiten und Fragwürdigkeiten erreichen aber ihre Höhe erst durch den Umstand, daß die Reihe der Mittel für unsere Endzwecke, die „Technik" im weitesten Sinne, unablässig verlängert und verdichtet wird. Diese schließliche Unabsehlichkeit der Zweck- und Mittelreihen erzeugt die unendlich wirkungsvolle Erscheinung, daß irgendwelche Mittelglieder in ihnen für unser Bewußtsein zu Endzwecken werden: Unzähliges erscheint uns, während wir es erstreben, und vieles sogar noch, wenn wir es erreicht haben, als ein befriedigendes Definitivum unseres Willens, was sachlich ein bloßer Durchgangspunkt und Mittel für unsere wirklichen Zwecke ist. Wir bedürfen dieser Akzentuierung innerhalb unserer Bestrebungen, weil uns bei ihrer Ausgedehntheit und Verwickeltheit Mut und Atem ausgehen würde, hätten wir nur das, Gott weiß wie weit entfernte, wirkliche Endziel als Antrieb vor uns. Das ungeheure, intensive und extensive Wachstum unserer Technik, — die

durchaus nicht nur die Technik materieller Gebiete ist —,
verstrickt uns in ein Netzwerk von Mitteln und Mitteln
der Mittel, das uns durch immer mehr Zwischeninstanzen
von unseren eigentlichen und endgültigen Zielen abdrängt.
Hier liegt die ungeheure innere Gefahr aller hochent-
wickelten Kulturen, das heißt der Epochen, in denen das
ganze Lebensgebiet von einem Maximum übereinander-
gebauter Mittel bedeckt ist. Das Aufwachsen gewisser
Mittel zu Endzwecken mag dieser Lage eine psychologische
Erträglichkeit verschaffen, macht sie aber in Wirklichkeit
immer sinnloser.

Auf der gleichen Grundlage entwickelt sich ein zweiter
Selbstwiderspruch der Kultur. Die objektiven Gebilde,
in denen sich ein schöpferisches Leben niedergeschlagen hat
und die dann wieder von Seelen aufgenommen werden,
um diese zu kultivierten zu machen, gewinnen alsbald eine
selbständige, jeweils durch ihre sachlichen Bedingungen
bestimmte Entwicklung. In den Inhalt und das Entwick-
lungstempo von Industrien und Wissenschaften, Künsten
und Organisationen werden nun die Subjekte hinein-
gerissen, gleichgültig oder in Widerspruch gegen die Forderung, die diese um ihrer eigenen Vollendung, d. h. Kultivierung willen stellen müßten. Die Objekte, vom Kulturleben getragen und es tragend, folgen, gerade je
verfeinerter und in ihrer Art vollkommener sie sind, einer
immanenten Logik, die sich keineswegs immer jener in sich
selbst zurückkehrenden Entwicklung der Subjekte so einfügt, wie es doch der Sinn aller Kulturgebilde als solcher
ist. Unzählige Objektivationen des Geistes stehen uns
gegenüber, Kunstwerke und Sozialformen, Institutionen
und Erkenntnisse, wie nach eigenen Gesetzen verwaltete
Reiche, die Inhalt und Norm unseres individuellen Daseins zu werden beanspruchen, das doch mit ihnen nichts
Rechtes anzufangen weiß, ja, sie oft genug als Belastungen

und Gegenkräfte empfindet. Aber nicht nur diese quali-
tative Fremdheit steht zwischen dem Objektiven und dem
Subjektiven höherer Kulturen; sondern wesentlich auch
die quantitative Unbeschränktheit, mit der sich Buch an
Buch, Erfindung an Erfindung, Kunstwerk an Kunstwerk reiht — eine sozusagen formlose Unendlichkeit, die
mit dem Anspruch, aufgenommen zu werden, an den Einzelnen herantritt. Dieser aber, in seiner Form bestimmt,
in seiner Aufnahmefähigkeit begrenzt, kann dem nur in
ersichtlich immer unvollständiger werdendem Maße genügen. So entsteht die typisch problematische Lage des
modernen Menschen: das Gefühl, von dieser Unzahl von
Kulturelementen wie erdrückt zu sein, weil er sie weder
innerlich assimilieren, noch sie, die potentiell zu seiner
Kultursphäre gehören, einfach ablehnen kann. Der Erfolg davon, daß das, was man die Kultur der Dinge
nennen könnte, seinem Eigengang überlassen, eine unbegrenzte Entwicklungsweite vor sich hat — ist der, daß sich
Interesse und Hoffnung in steigendem Maße eben dieser
Kultur zuwenden, und die scheinbar viel engere, viel
endlichere Aufgabe der Kultivierung der individuellen
Subjekte dahinter zurückdrängen.

Dies also sind die beiden tiefsten Gefahren reifer und
überreifer Kulturen: daß einerseits die Mittel des Lebens
seine Ziele überwuchern und damit unvermeidlich soundso
viele bloße Mittel in die psychologische Würde von Endzwecken aufrücken; und daß andererseits die objektiven
Kulturgebilde ein selbständiges, rein sachlichen Normen
gehorsames Wachstum erfahren und dadurch nicht nur
eine tiefe Fremdheit gegen die subjektive Kultur erwerben,
sondern ein von dieser gar nicht einzuholendes Tempo des
Vorschreitens.

Auf diese beiden Grundmotive und ihre Verzweigtheiten
gehen, soweit ich sehe, alle Erscheinungen zurück, die uns

schon seit einer Weile das Gefühl einer nahenden Krisis unserer Kultur gaben. Die ganze Hast, äußere Begehr= lichkeit und Genußsucht der Zeit sind nur Folge und Re= aktionserscheinung, weil die personalen Werte in einer Ebene gesucht werden, in der sie überhaupt nicht liegen: daß technische Fortschritte ohne weiteres als Kulturfort= schritte geschätzt werden, daß auf geistigen Gebieten die Methoden vielfach als etwas Heiliges und wichtiger als die inhaltlichen Resultate gelten, daß der Wille zum Gelde den zu den Dingen, deren Erwerbsmittel es ist, weit hinter sich läßt: dies alles beweist das allmähliche Verdrängt= werden der Zwecke und Ziele durch die Mittel und Wege. Wenn dies nun die Symptome einer erkrankten Kultur sind, bezeichnet der Krieg den Ausbruch der Krisis, an den die Genesung sich ansetzen kann?

Daß die erste Erscheinungsgruppe in dieser Pathologie der Kultur: das Zurückbleiben der Vervollkommnung der Personen hinter der der Dinge, — eine Aussicht auf Heilung gibt, wage ich nicht vorbehaltlos zu behaupten. Hier liegt wahrscheinlich ein Selbstwiderspruch der Kultur vor, der von deren Wesen unabtrennbar ist; denn da sie nun einmal bedeutet, daß die Ausbildung der Subjekte ihren Weg über die Ausbildung der Objektwelt nimmt, da diese letztere einer unbegrenzten Verfeinerung, Be= schleunigung und Ausdehnung fähig ist, während die Kapazität der einzelnen Subjekte unvermeidlich einseitig und beschränkt ist, so sehe ich nicht, wie dem Entstehen einer Zusammenhanglosigkeit, eines gleichzeitigen Un= genügens und Überfülltseins prinzipiell vorzubeugen wäre. Immerhin scheint der Krieg von zwei Seiten her für die Verschmälerung jenes Risses zu wirken. Hinter dem Soldaten versinkt der ganze Apparat der Kultur, nicht nur weil er ihn tatsächlich entbehren muß, sondern weil Sinn und Forderung der Existenz im Kriege auf einer Leistung steht, deren Wertbewußtsein nicht erst den Umweg über Objekte nimmt. Ganz unmittelbar bewähren sich Kraft und Mut, Gewandtheit und Ausdauer als die Werte seiner Existenz, und ersichtlich hat die „Kriegsmaschine" ein ganz anderes, unendlich viel lebendigeres Verhältnis zu dem, der sie bedient, als die Maschine in der Fabrik. Jenes Abdrängen des personalen Lebens von dem objektiven Tun besteht ganz allein hier nicht, so sehr in der ungeheuren Ausdehnung des Geschehens und der Unmerklichkeit der Einzelleistung die sonst entscheidenden Bedingungen solchen Abdrängens vorhanden sind. Gewiß hat diese Kriegslage keinen sachlichen Bezug zu der allgemeinen kulturellen Spannung zwischen der Subjektivität des Lebens und seinen Sachgehalten. Allein zugegeben, daß diese Spannung prinzipiell unüberwindbar ist, so werden doch vielleicht die Menschen, die ihre Überwindung im Felde erlebt haben, die Bedeutung auch ihrer sonstigen anonymen Teilleistungen deutlicher und sozusagen persönlicher fühlen, werden entschiedener nach dem Zusammenhang zwischen ihrem Arbeiten für die Mittel des Lebens und den Endwerten des personalen Lebens suchen; und findend oder nicht, ist schon dies Suchen ein unermeßlicher Wert. Wenn sich an diesen Krieg die allgemeine Hoffnung knüpft, daß er den Einzelnen überhaupt dem Ganzen enger verbinden, den Dualismus zwischen dem Individuum als Selbstzweck und dem Individuum als Glied des Ganzen irgendwie mildern werde, so ist das hier angerührte Problem doch eine Szene dieses Dualismus. Indem aber der Soldat — und in gewissem Maße doch auch der zu Hause Gebliebene — erfährt, wie die verschwindende Größe seines Einzeltuns seinen stärksten Willen und seine äußerste Kraft in sich aufnehmen kann, wird sich ihm mindestens die Form jener Versöhnung, ein irgendwie sinnvolles Verhältnis zwischen dem Teil

und dem Ganzen, zwischen Sache und Person, ein-
geprägt haben; mag dies auch nicht mehr sein als ein
Atemholen vor neuen Kämpfen und Zerreißungen.

Die Lage unserer Zeit gestattet hierfür noch eine be-
sondere Wendung und Weiterführung. Der Prozeß
zwischen dem immer weiterflutenden, mit immer weiter-
greifender Energie sich ausdehnenden Leben und den
Formen seiner historischen Äußerung, die in starrer Gleichheit beharren oder wenigstens beharren wollen, wie er
die ganze Kulturgeschichte erfüllt, scheint mir an einer
großen Anzahl besonderer Kulturformen jetzt aufs deutlichste aufzeigbar. Als gegen Ende des vorigen Jahrhunderts der künstlerische Naturalismus sich ausbreitete,
war dies ein Zeichen, daß die von der Klassik her herrschen-
den Kunstformen das zur Äußerung drängende Leben
nicht mehr in sich aufnehmen konnten. Es kam die Hoffnung auf, in dem unmittelbaren, möglichst durch keine
menschliche Intention hindurchgegangenen Bilde der gegebenen Wirklichkeiten dieses Leben unterbringen zu
können. Allein der Naturalismus hat den entscheidenden
Bedürfnissen gegenüber ebenso versagt, wie es doch wohl
auch der jetzige Expressionismus tut, der das unmittelbare Gegenstandsbild durch den seelischen Vorgang und
seine ebenso unmittelbare Äußerung ersetzt. Indem sich
die innere Bewegtheit in eine äußere Schöpfung fortsetzt,
sozusagen ohne Rücksicht auf deren eigene Form und auf
objektive, für sie gültige Normen, glaubte man dem Leben
endlich die ihm ganz angemessene, durch keine ihm äußere
Form gefälschte Aussprache zu gewinnen. Allein es scheint
nun einmal das Wesen des inneren Lebens zu sein, daß
es seinen Ausdruck immer nur in Formen findet, die eine
Gesetzlichkeit, einen Sinn, eine Festigkeit in sich selbst haben,
in einer gewissen Abgelöstheit und Selbständigkeit gegenüber der seelischen Dynamik, die sie schuf. Das schöpfe-

rische Leben erzeugt dauernd etwas, was nicht selbst
wieder Leben ist, etwas, woran es sich irgendwie totläuft,
etwas, was ihm einen eigenen Rechtsanspruch entgegen-
setzt. Es kann sich nicht aussprechen, es sei denn in
Formen, die etwas für sich, unabhängig von ihm, sind
und bedeuten. Dieser Widerspruch ist die eigentliche und
durchgehende Tragödie der Kultur. Was dem Genius
und den begnadeten Epochen gelingt, ist, daß der Schöpfung durch das von innen quellende Leben eine glücklich
harmonische Form wird, die mindestens eine Zeitlang das
Leben in sich bewahrt und zu keiner, ihm gleichsam feind-
seligen Selbständigkeit erstarrt. In den allermeisten Fällen
indes ist solcher Widerspruch unvermeidlich, und wo die
Äußerung des Lebens, um ihn doch zu vermeiden, sich sozusagen in formfreier Nacktheit bieten will, kommt überhaupt nichts eigentlich Verständliches heraus, sondern ein
unartikuliertes Sprechen, aber kein Aussprechen, an Stelle
des freilich Widerspruchsvollen und fremd Verhärteten
einer Einheitsform schließlich doch nur ein Chaos atomi-
sierter Formstücke. Zu dieser extremen Konsequenz unserer
künstlerischen Lage ist der Futurismus vorgedrungen:
leidenschaftliches Sichaussprechenwollen eines Lebens, das
in den überlieferten Formen nicht mehr unterkommt, neue
noch nicht gefunden hat, und deshalb in der Verneinung
der Form — oder in einer fast tendenziös abstrusen —
seine reine Möglichkeit finden will — ein Widerspruch
gegen das Wesen des Schöpfertums, begangen, um dem
anderen in ihm gelegenen Widerspruch zu entgehen.
Nirgends vielleicht zeigt sich stärker als in manchen Erscheinungen des Futurismus, daß dem Leben wieder einmal die Formen, die es sich zu Wohnstätten gebaut hatte,
zum Gefängnis geworden sind.

Wie es in dieser Hinsicht mit der Religion steht, ist vielleicht nicht zu bestimmen, weil das Entscheidende sich hier

nicht an sichtbaren Erscheinungen, sondern in der Inner-
lichkeit des Gemütes vollzieht. Für die spezifische Frage
des Christentums gilt freilich, was diese Blätter als ein
geistiges Grundergebnis des Krieges behaupteten: daß er
die Scheidungen, die in der Struktur unserer Verhältnisse angelegt, aber innerhalb des Friedens nicht vollzogen waren, zu innerer und äußerer Wirklichkeit bringt.
Wir kennen alle den großen Gegensatz, der die Religiosität der Zeit spaltet und nur die schlechthin irreligiösen
Gemüter und die Anpassungschristen nicht berührt: zwischen
dem Christentum und einer Religion, die jeglichen historisch gegebenen Inhalt ablehnt, sei es als ein Monotheis-
mus, der sich in keinerlei Dogmen fortsetzt, sei es als
Pantheismus, sei es als eine rein innere, von jedem
Glaubensinhalt absehende Bestimmtheit des Gemütes. Die
Zeit, in ihrer allgemeinen religiösen Toleranz, drängte
nicht zur Entscheidung und ließ es, wenn ich mich nicht
täusche, häufig dazu kommen, daß unter dem oberen Bewußtsein, das sich der einen Richtung hingegeben glaubte,
in der Tiefe doch die andere ihr altes oder ihr neues
Leben als das eigentlich kräftige und bestimmende führte.
Unverkennbar nun haben die religiösen Innenmächte durch
den Krieg Belebung und Steigerung erfahren, bis zu
einem Grade, der einem jeden einen Entschluß darüber
abfordert, auf welchem absoluten Grunde er denn nun
eigentlich steht. Die friedlichen Zeiten der allmählichen
Übergänge, der Mischungen, des angenehmen Halbdunkels,
in dem man sich auch den einander ausschließenden Gegen-
sätzen abwechselnd hingeben kann, dürften vorbei sein.
Die Entschlossenheit, mit der das deutsche Volk in diesen
Jahren seinen Weg geht, wird hoffentlich auch in dieses
Gebiet innerster Entscheidungen weiterstrahlen. Nirgends
aber trifft sie auf einen so „faulen Frieden", wie im
religiösen Gebiet, wo einerseits wirkliche Christen, aus

einem gewissen Bildungstic heraus, eine undogmatisch
pantheistische Haltung annehmen, andererseits entschieden
Ungläubige sich durch „symbolische“ Umbildung der christ=
lichen Grundlehren noch eine Art Christentum selbst ein=
reden. Allein jeder reifere Mensch dürfte die Entschei=
dung schon lange vollzogen haben — nur daß er in der
eigentümlichen kulturellen Weitherzigkeit, die unsere Lage
zu erlauben oder zu fordern schien, diese Entscheidung oft
noch mit der entgegengesetzten mischte oder verhüllte.
Dies aber gestattet eine Zeit nicht mehr, in der sich alles
aufwühlt, was an religiöser Tiefe in den Menschen ist.
Gleichviel welche Maße des einen und des anderen über=
haupt äußerlich faßbar sein werden: in den Menschen
wird das zur Herrschaft reif Gewordene seine Herrschaft
auch antreten. Für unsere jetzige Blickrichtung aber ist
das Wesentliche, daß es überhaupt weite Kreise gibt,
deren religiöse Bedürfnisse sich vom Christentum ab=
wenden. Daß sie sich allerhand exotischen Hergeholtheiten
oder wunderlichen Neubildungen zuwenden, scheint keiner=
lei Bedeutung zu haben. Nirgends kann ich hier ein wirk=
lich lebenskräftiges Gebilde entdecken, eines, das sich, außer
in ganz individuellen Kombinationen, dem religiösen Leben
als genauer Ausdruck anschmiegte. Dagegen entspricht
es der allgemeinen Kulturlage, daß man vielfach auch
hier gerade jede Formung dieses Lebens ablehnt, und daß
die überkonfessionelle Mystik die in jenen Kreisen ent=
schieden überwiegende Anziehung übt. Denn in ihr will
die religiöse Seele ihr Leben ganz unmittelbar ausleben,
sei es, daß sie ohne Vermittlung eines irgendwie ge=
formten Dogmas, sozusagen nackt und allein, vor ihrem
Gotte steht, sei es, daß sogar die Gottesvorstellung noch
als Starrheit und Hemmung empfunden wird und die
Seele nur ihr eigenstes, metaphysisches, in keinerlei
Glaubensform mehr gegossenes Leben als eigentlich religiös

empfindet. Analog jenen angedeuteten futuristischen Erscheinungen bezeichnet diese gänzlich gestaltlose Mystik den
historischen Augenblick, in dem ein inneres Leben in die
Formen seiner bisherigen Ausgestaltung nicht mehr ein-
gehen kann und, weil es nicht imstande ist, andere, nun
angemessene zu schaffen, ohne Formen überhaupt existieren
zu sollen meint.

Innerhalb der philosophischen Entwicklung erscheint
mir diese Krisis weitergreifend, als in der Regel zu-
gestanden wird. Die Grundbegriffe und methodischen
Funktionen, die, seit dem klassischen Griechentum aus-
gebildet, auf den Weltstoff angewendet werden, um aus
ihm philosophische Weltbilder zu formen, haben, wie ich
glaube, alles geleistet, was sie in dieser Hinsicht hergeben
können. Der philosophische Trieb, dessen Ausdruck sie
waren, ist an ihnen selbst zu Richtungen, Bewegtheiten,
Bedürfnissen entwickelt, denen sie nicht mehr angemessen
sind; wenn die Zeichen nicht trügen, beginnt der ganze
philosophische Apparat zu einem Gehäuse zu werden, das
vom Leben entleert ist.

Dies scheint mir an einem Erscheinungstypus besonders
sichtbar zu werden. Jede der großen philosophiegeschicht-
lichen Kategorien hat zwar die Aufgabe, die Zerspalten-
heit und chaotische Fülle des Daseins in eine absolute
Einheit zusammenzuführen; zugleich aber besteht oder entsteht neben jeder einzelnen eine andere, mit jener im gegenseitigen Ausschluß stehende. So treten diese Grundbegriffe
paarweise auf, als je eine zur Entscheidung auffordernde
Alternative, derart, daß eine Erscheinung, die sich dem
einen Begriff versagt, notwendig unter den anderen fallen
muß, ein Ja und Nein, das kein Drittes übrig läßt.
Solches sind die Entgegengesetztheiten von Endlichkeit
und Unendlichkeit der Welt, Mechanismus und Teleologie
des Organismus, Freiheit und Determiniertheit des

Willens, Erscheinung und Ding-an-sich, Absolutes und
Relatives, Wahrheit und Irrtum, Einheit und Mehr-
fachheit, Wertfortschritt und Wertbeharrung in der
menschheitlichen Entwicklung. Es scheint mir nun, daß
ein großer Teil dieser Alternativen nicht mehr der unbedingten Entscheidung Raum gibt, die jeden gerade frag-
lichen Begriffsinhalt notwendig in die eine oder in die
andere einstellt. Wir fühlen an dieser Begriffslogik eine
so unangemessene Enge, andererseits gehen ihre Auf-
lösungen so selten von einem schon entdeckten Dritten aus,
sondern sie bestehen weiter als Forderung und unaus-
gefüllte Lücke — daß sich hiermit doch wohl eine tief-
greifende philosophische Krisis verkündet, die die Spezial-
probleme in eine allgemeine, wenn auch zunächst nur negativ
zu bezeichnende Tendenz sammelt. Nirgends schärfer als
durch das Versagen der bisher logisch geltenden Begriffs-
alternativen und durch die Forderung eines noch unfor-
mulierbaren Dritten wird klar, daß unsere Mittel, die
Lebensinhalte durch geistigen Ausdruck zu bewältigen,
nicht mehr ausreichen, daß das, was wir ausdrücken
wollen, nicht mehr in sie hineingeht, sondern sie sprengt
und nach neuen Formen sucht, die für jetzt nur als
Ahnung oder ungedeutete Tatsächlichkeit, als Verlangen
oder ungefüge Tastversuche ihre heimliche Gegenwart an-
kündigen.

Vielleicht würde der Krieg mit all seinen Zerstörungen,
Wirrnissen und Gefahren dennoch nicht das erlebte Maß
von Erschüttertheit bewirkt haben, wenn er nicht auf schon
so angenagte, ihres Bestandes ungewiß gewordene Kulturformen getroffen hätte. Seine Leistung ist auch hier, dem
innerlich Notwendigen durch das äußerlich Wirkliche mehr
Raum und mehr Sichtbarkeit zu schaffen und den Einzelnen vor die scharfe Entscheidung zu stellen: ob er das
geistige Leben um jeden Preis in seinen bisherigen Gleisen

halten will oder ob er es wagt, auf jede Gefahr hin auf
dem neuen Lebensboden neue Wege zu suchen, oder endlich das vielleicht noch Gefährlichere unternimmt, die
Werte des früheren Lebens aus dem Zusammenbruch ihrer
Formen in das neue hinüberzuretten. Und vielleicht zeigt
sich doch schon wenigstens hier die Frage nach einer all-
gemeinsten Deutung des Daseins, wenn auch mit schwachen
Kräften und noch nicht fest umschrieben, ein erhellender
Grundbegriff, den ich nachher anzudeuten versuchen will
und durch den sich gerade eine Kontinuität zwischen den
Werten von gestern und denen von morgen hindurchleiten
könnte. —

Mit greifbarerer Bedeutung scheinen die jetzigen Er-
lebnisse in die andere Entwicklung der Kultur, das Aus-
wachsen der bloßen Mittel zu Selbstzwecken einzugreifen.
Die Korrektur der teleologischen Reihe hat sich vor allem
auf einem Gebiet vollzogen, das für die Überdeckung der
Zwecke durch das Mittel das umfassendste weltgeschichtliche
Beispiel bietet, auf dem wirtschaftlichen. Dies Beispiel
ist, es braucht kaum ausgesprochen zu werden: das Geld
— ein Mittel für Tausch und Wertausgleich, jenseits
dieser Mittlerdienste ein radikales Nichts, jedes Wertes
und Sinnes bar. Und gerade das Geld ist für die Mehr-
zahl der Kulturmenschen das Ziel aller Ziele geworden,
der Besitz, mit dem, so wenig die sachgemäße Vernunft
es rechtfertigen mag, die Zweckbemühungen dieser Mehr-
zahl abzuschließen pflegen. Die Ausbildung der Wirtschaft macht freilich diese Wertverschiebung begreiflich.
Denn da sie dafür gesorgt hat, daß alle Güter an jedem
Ort und zu jeder Zeit zu beschaffen sind, so kommt es
eben für die Befriedigung der meisten menschlichen Wünsche
nur darauf an, daß man das erforderliche Geld besitze:
Mangel bedeutet für das Bewußtsein des modernen
Menschen nicht Mangel an Gegenständen, sondern nur

Mangel an Geld, sie zu kaufen. Hier hat nun die Ab-
sperrung Deutschlands vom Weltmarkt, der es sonst mit
jeder beliebig großen, die Verbrauchsfrage zur bloßen
Geldfrage machenden Warenmenge versorgte, eine höchst
revolutionierende Änderung erzeugt. Die Nahrungs-
substanz, sonst ohne weiteres zugängig, wenn man nur
Geld hatte, ist knapp nnd fragwürdig geworden und
tritt dadurch wieder in ihrem definitiven Wertcharakter
hervor. Das Geld dagegen, wenigstens von seiner bisherigen grenzenlosen Leistungsfähigkeit abgeschnitten,
zeigt sich als an sich ganz ohnmächtiges Mittel.

Mag diese Entwicklung auch keineswegs vollendet sein,
— mindestens die Brotkarte symbolisiert eine Nutzlosig-
keit des Reichtums auch des Reichsten. Wenn früher mit
Sparen und Verschwenden, auch wo es bestimmte Gegenstände betraf, doch eigentlich immer nur deren Geldwert
gemeint war, tritt dieser jetzt ganz zurück; endlich soll
wieder mit Fleisch und Butter, mit Brot und Wolle um
ihrer selbst willen gespart werden, eine Wendung, die, so
einfach sie klingt, ein durch Jahrhunderte gezüchtetes
wirtschaftliches Wertgefühl der Kulturwelt total um-
dreht. In die ungeheuerste Maskierung des wirklich Wertvollen durch das Mittel dafür, die die Kulturgeschichte
kennt, ist an einer Stelle ein Loch gerissen worden. Un-
zweifelhaft freilich wird es wieder zuwachsen, die Pro-
duktivität der Weltwirtschaft und ihre Allgegenwart wird
uns später wieder vergessen lassen, daß nicht das Geld
den Wert hat, sondern die Dinge. Niemand wird sich
einreden, daß die daraus wachsenden bedenklichen Erscheinungen: die Vorstellung von der Käuflichkeit aller Dinge,
ihre Schätzung ausschließlich nach dem Geldwert, der
Skeptizismus gegen alle die Werte, die sich nicht in Geld
ausdrücken lassen, — daß alles dieses sich nicht wieder einstellen, daß die daran geknüpfte schleichende Kulturkrisis

nicht ihren Fortgang nehmen wird. Aber ebensowenig
ist zweifelhaft, daß unser Erlebnis: es kommt nicht auf
das Geld an, das Geld als solches nützt uns jetzt nichts,
— ein eigentümliches Aufschrecken und Sich-Besinnen in
vielen Seelen bewirken wird. Gewiß lassen sich solche
seelischen Stimmungen und Umstimmungen nicht dokumen-
tarisch festlegen. Allein so ungewiß die Folgen und so
äußerlich die Gegenstände sind, — daß überhaupt die Absolutheit des Geldwertes irgend einmal durchbrochen worden
ist, daß der Wert von wirtschaftlichen Dingen einmal als
durch Geld nicht ersetzbar empfunden wurde, das scheint
mir ein tiefer seelischer Gewinn zu sein; ein zarteres,
weniger blasiertes, ich möchte sagen ehrfürchtigeres Verhältnis zu den Dingen des täglichen Verbrauchs muß
durch die Seele gehen, die sie einmal in ihrer unmittelbaren Bedeutung sehen mußte und das Geld in seiner
Bedeutungslosigkeit, in die es ganz von selbst sinkt, sobald es keine Mittlerdienste mehr tun kann.

Aber noch einmal und nun im ganz absoluten Sinne
stellt der Krieg das Verhältnis von Zweck und Mittel
um. Die Selbsterhaltung pflegt das zentrale Interesse des Menschen zu sein. Arbeit und Liebe, Denken und
Wollen, religiöse Betätigung wie die Wendungen, die wir
uns bemühen, unseren Schicksalen zu geben: alles geht
im großen und ganzen darauf hinaus, das Ich in seinem
Bestande und seiner Entwicklung zu erhalten, die dauernd
von äußeren Gefahren und innerer Schwäche, von der
Problematik unseres Verhältnisses zur Welt und der Unsicherheit unserer Lebensbedingungen bedroht sind. Von
den seltenen Menschen abgesehen, die wirklich nur um
eines objektiven Zieles willen leben, ist die Erhaltung des
eigenen Selbst, — in das vielleicht noch das Selbst der
nächsten Menschen einbezogen ist —, der Zweck schlechthin
und alle Lebensinhalte seine näheren oder entfernteren

Mittel. Darüber hat nun der Krieg für Millionen von Menschen das Ziel des Sieges und der Erhaltung der Nation gesetzt, ein Ziel, für das auf einmal das eigene Leben ein bloßes Mittel wurde, und zwar sowohl seine Erhaltung wie seine Preisgabe. Das erstere erscheint noch bedeutungsvoller als das zweite. Daß der Soldat herausgehe, um sich zu opfern, ist ein ganz irreleitendes Pathos. Nicht der tote Soldat, sondern der lebende dient dem Vaterland. Daß dieser Dienst auch seine Opferung fordern kann, ist sozusagen ein Grenzfall, nur der deutlichste Beweis dafür, daß das Selbst seinen Endzweck charakter verloren hat und sich, erhalten oder geopfert, zum Mittel eines höheren Zweckes erklärt hat.

Gewiß, die Selbsterhaltung wird ihren alten Platz an der Spitze der teleologischen Reihen wiedererhalten. Eines aber scheint mir dennoch unabweislich. Die Übersteigerung all der Mittelstufen und Vorläufigkeiten zu Endwerten, an der unsere Kultur krankt, wird nicht mehr ganz so leicht an einer Generation vor sich gehen, die es an sich selbst erfahren hat, daß selbst der sonst autonomste Endzweck, die Selbsterhaltung, zum bloßen Mittel werden konnte. Das Gefühl, das uns von Anfang des Krieges an beherrschte: daß er uns an unbestimmt vielen Punkten eine neue Wertrangierung hinterlassen wird, wird sich an diesem wenigstens bewahrheiten. Daß man an die unwesentlicheren Lebensinstanzen den Akzent letzter Bedeutsamkeiten hefte, gehört zu den seelischen Gefahren langer, behaglich ungestörter Friedenszeiten, die für das Unterschiedenste beliebigen Ausbreitungsraum haben und nicht durch starke Erschütterungen zur Entscheidung zwischen dem Wesentlichen und dem Unwesentlichen drängen. Wer aber das sonst Wichtigste, das Selbst und seine Erhaltung, einmal als bloßes Mittel zu einem Darüberstehenden erlebt hat, dürfte vor jenem Verschwenden der

Zweckwertung an das Unbedeutendere, Peripherische, für eine Weile gesichert sein.

Jene angedeuteten Gefahren laufen wie in einem gemeinsamen Symptom darin zusammen, daß alle angedeuteten Kulturgebiete sich in einer gegenseitigen Unabhängigkeit und Fremdheit entwickelt haben, bis sich freilich in den letzten Jahren wieder einheitlichere Gesamtströmungen zeigten. Hier liegt der Grund der vielbetonten Stillosigkeit unserer Zeit. Denn Stil ist immer eine allgemeine Formgebung, die einer Reihe inhaltlich verschiedener Einzelerzeugnisse einen gemeinsamen Charakter verschafft. Je mehr ein Volksgeist, — um der Kürze halber diesen problematischen Ausdruck zu brauchen — in seiner charakteristischen Einheit alle Äußerungen eines Zeitabschnittes färbt, als desto stilvoller erscheint uns dieser. Darum haben frühere Jahrhunderte, die noch nicht mit einer solchen Fülle heterogener, nach den verschiedensten Seiten hin verführender Überlieferungen und Möglichkeiten beladen waren, soviel mehr Stil als die Gegenwart, in der unzählige Male die einzelne Betätigung wie in Abgeschnürtheit von jeder anderen verläuft. Darin hat freilich in den letzten Jahren, vielleicht seit Nietzsche, eine leise Wendung eingesetzt. Und zwar scheint es der Begriff des Lebens zu sein, der die mannigfaltigsten Gebiete durchdringt und gleichsam ihren Pulsschlag einheitlicher zu rhythmisieren begonnen hat. Diesen Prozeß wird, glaube ich, der Krieg erheblich begünstigen. Denn unabhängig noch von jener Einheit des Endzieles, in die sich alle möglichen Kulturbewegungen augenblicklich einstellen, werden sie alle von einer leidenschaftlichen, wie aus einer einheitlichen Kraftquelle hervorbrechenden Lebendigkeit durchflutet.

Unzählige Gebilde, die zu erstarren und sich der schöpferischen Bewegtheit zu entziehen angefangen haben, sind wieder in den Lebensstrom hineingezogen. Wenn wir jüngst schon ahnten, daß alle auseinanderliegenden Kulturtatsachen Ausströmungen oder Mittel, Pulsschläge oder Ergebnisse des Lebensprozesses als solchen sind, so scheinen alle Inhalte unseres Bewußtseins jetzt noch fühlbarer in die gesteigerte Gewalt jener Strömung zurückgeschmolzen zu sein. Es scheint sicher, daß der Soldat, mindestens solange er in lebhafterer Aktion ist, eben dieses Tun als ungeheure Steigerung sozusagen des Quantums von Leben, in unmittelbarerer Nähe zu seiner flutenden Dynamik empfinde, als er es an seinen sonstigen Arbeitswirksamkeiten spüren kann. Die höchste Zusammenraffung der Energie, die das Leben einer ganzen Nation durch sich hindurchfließen fühlt, läßt kein Sich-Verfestigen und -Verselbständigen ihrer Inhalte zu, durch das die Friedenskultur Inhalt neben Inhalt, abgelöst und fremd gegeneinander und nur dem Sachgesetz des einzelnen folgend, hinsetzt. Es ist ein geheimnisvolles Zusammentreffen, daß die ungeheuern Ereignisse der Zeit gewissermaßen zurechtkamen, um eben jene eingeschlagene Richtung des Geistes zu bestätigen, die die Einheit der auseinanderstrebenden Inhalte in der Tiefe des Lebensvorganges selbst suchte. Natürlich hat das Erleben dieser Ereignisse keine unmittelbar ersichtliche Wirkung auf jene Zerspaltungen und inneren Fremdheiten innerhalb unserer sittlichen und intellektuellen, religiösen und künstlerischen Kulturgebiete; und ebenso natürlich wird diese Wirkung, selbst wenn sie stattfindet, sich in jener tragischen Entwicklung, wie sie für hochausgebildete objektive Kulturen unvermeidlich scheint, allmählich wieder verlieren. Darüber aber, daß, innerhalb dieser Begrenzungen, der Krieg jene positive Bedeutung für die Kulturform hat, unabhängig von seiner Zerstörung von Kultursubstanz, ist mir kein Zweifel. Wie nicht nur das gemeinsame Ziel und die gemeinsame

Gefahr unserm Volke, als der Summe von Subjekten, eine ungeahnte Einheit gegeben hat — wieviel von dieser auch bleibend, wieviel vorübergehend sei —, sondern die unerhörte Erhebung und Erregtheit des Lebens in einem Jeden dieses Zusammenschmelzen, Zusammenfließen in e i n e Strömung begünstigt hat, so wird sie auch den objektiven Kulturinhalten für eine Weile eine neue Bewegtheit und damit eine neue Möglichkeit und Drang, sich zusammen=zufinden, leihen, ein Durchbrechen jener Starrheiten und Inselhaftigkeiten, die unsere Kultur zu einem Chaos un=verbundener, jeder Stilgleichheit entbehrender Einzel=heiten machte. Wir werden, wie gesagt, dieser Tragödie und chronischen Krisis aller Kultur auf die Dauer nicht entgehen. Aber für eine gewisse Periode wird ihr Fort=schritt gehemmt, ihre Schärfe gemildert werden.

Mehr aber können wir überhaupt den letzten Para=doxien des Kulturlebens gegenüber nicht erhoffen. Sie verlaufen tatsächlich so, als ob sie zu einer Krisis und mit ihr in unabsehliche Zerrissenheiten und Dunkelheiten führen sollten. Daß bloße Mittel als Endzwecke gelten, was die vernünftige Ordnung des inneren und praktischen Daseins völlig verschiebt; daß die objektive Kultur sich in einem Maß und Tempo entwickelt, mit dem sie die subjektive Kultur weit und weiter hinter sich läßt, in der doch allein alle Vervollkommnung der Objekte ihren Sinn hat; daß die einzelnen Zweige der Kultur zu einer Rich=tungsverschiedenheit und gegenseitigen Entfremdung aus=einanderwachsen, daß sie als Gesamtheit eigentlich schon vom Schicksal des babylonischen Turmes ereilt und ihr tiefster Wert, der gerade in dem Zusammenhang ihrer Teile besteht, mit Vernichtung bedroht scheint: dies alles sind Widersprüche, die wohl von der Kulturentwicklung als solcher unabtrennlich sind. Sie würden in restloser Konsequenz diese Entwicklung an den Punkt des Unter=

gangs führen, wenn nicht das Positive und Sinnvolle
der Kultur immer wieder Gegenkräfte einzusetzen hätte,
wenn nicht von ganz ungeahnten Seiten Aufrüttelungen
kämen, die — oft um einen hohen Preis — das ins Nich-
tige verlaufende und auseinanderlaufende Kulturleben
für eine Weile zur Besinnung brächten.

In diese Kategorie gehören, soweit wir übersehen, die
Erschütterungen unseres Krieges. Er wird vielleicht von
den zeitlichen Einzelinhalten der Kultur manches definitiv
beseitigen, manches definitiv neu schaffen. Indem er aber
auch auf jene fundamentalen inneren Formen von Kultur
überhaupt wirkt, — deren Entwicklungshöhe die Gestalt
einer fortwährend bevorstehenden Krisis hat — kann er
nur eine Szene oder einen Akt dieses endlosen Dramas
inaugurieren. Wir verstehen damit, wie dieser Krieg,
den wir als das umwälzendste, zukunftbestimmendste Er-
eignis seit der französischen Revolution empfinden, für
unsere Prognose diesen Unterschied seiner kulturellen Folgen
auslösen kann: auf der einen Seite Gewisses für immer
zu beseitigen, Gewisses ganz neu zu schaffen, auf der
anderen gewisse Entwicklungen zu hemmen oder rückläufig
zu machen, deren Wiedereinbiegen in den alten Gang uns
doch unvermeidlich scheint. Indem jenes sich auf einzelne
Inhalte der Kultur, dieses auf das tiefste Verhängnis
ihrer Formen bezieht, ist mit dem nur relativen, nur
temporären Charakter der letzteren Wirkung die kulturelle Bedeutung des Krieges keineswegs herabgesetzt. Denn
gerade damit fügt er sich dem innersten, freilich tragischen
Rhythmus der Kultur ein, ihrem fortwährend gefähr-
deten und nur durch fortwährende Gegenwirkungen zu
erhaltenden Gleichgewicht. Würden wir hier, wo es sich
um das Leben der Kulturform schlechthin handelt, ein
Absolutes oder Definitivum erwarten, — auch soweit
nur, wie man im Geschichtlichen von solchem sprechen

kann, — so würde eben diesem Leben nicht mehr, sondern weniger genuggetan sein.

Man kann, wie gesagt, es als die prinzipiellste, alle Einzelinhalte übergreifende Schicksalsformel der hochgesteigerten Kultur bezeichnen, daß sie eine fortwährend aufgehaltene Krisis ist. Das heißt, daß sie das Leben, aus dem sie kommt und zu dessen Dienst sie bestimmt ist, in das Sinnlose und Widerspruchsvolle auflösen will, wogegen die fundamentale, dynamische Einheit des Lebens sich immer wieder zur Wehr setzt, die lebensfremde, das Leben von sich abführende Objektivität wieder von der Quelle des Lebens selbst her zusammenzwingt. Und darum stehen wir in dieser Epoche an einem Höhepunkt der Geschichte, weil jene Auflösung und Abirrung der kulturellen Existenz ein gewisses Maximum erreicht hat, gegen das sich das Leben mit diesem Kriege und seiner vereinheitlichenden, vereinfachenden, auf einen Sinn konzentrierten Kraft empört. Mag dies auch nur eine Welle in der unabsehlichen Strömung des Menschheitslebens sein, — zu solcher Höhe, solcher Breite hat die Reibung seiner Kräfte noch keine gehoben. Mit Erschütterung stehen wir vor solchen Dimensionen, die diese Krisis dem Überblick des Einzelnen unabschätzlich weit entrückt, während sie uns zugleich tief vertraut und verständlich ist; denn in jedem von uns ist sie, bewußt oder nicht, die Krisis seiner eigenen Seele[1]).

---

[1]) Die kulturgeschichtlichen und kulturphilosophischen Grundlagen dieser Erwägungen sind in meinem Buch: Philosophie des Geldes — ausführlich dargestellt.

Die Idee Europa.

Ist dieser Krieg ein Paroxysmus, eines der Fieber, die manchmal epidemisch durch die Völker laufen, wie der mittelalterliche Flagellantismus, und aus denen sie eines Tages aufwachen, zerschlagen und ohne zu begreifen, wie dieser Wahnsinn überhaupt möglich war — oder ist er ein ungeheures Umgraben und Durchackern der europäischen Erde, damit sie Entwicklungen und Werte hergebe, deren Art wir heute nicht einmal ahnen können? So war die Völkerwanderung, die sicher den alten Kulturnationen als eine bloße sinnlose Zerstörung, eine unbegreifliche Vergewaltigung erschien, und doch einem unendliche Werte tragenden, vorher ganz unausdenklichen Leben und Fruchtbringen die Bedingungen bereitete. Daß niemand diese Frage theoretisch beantworten kann, erleichtert nicht den Druck, mit dem sie uns Tag und Nacht bedrängt, aber es gibt der praktischen Aufforderung Raum, alle unsere Kräfte einzusetzen, daß nicht die unsinnige, sondern die sinnvolle Seite der Alternative Wirklichkeit werde. Für ihren Druck freilich bedeutet auch dies nur Umlagerung, nicht Verminderung — weil nun jeder unserer Augenblicke mit einer so ungeheuren Verantwortung beladen ist, wie kein Frieden sie kannte. Denn in ihm haben wir unsere Ziele und Aufgaben in deutlicher Nähe vor uns und nur für sie glauben darum die meisten von uns verantwortlich zu sein; mag die undurchdringliche Zukunft dann in derselben Weise für sich sorgen. Jetzt aber sehen wir keine festen Umrisse, für deren Ausfüllung wir uns vorzubereiten hätten, sondern was uns an Aufgaben bevorsteht, streckt sich in das Undurchdringliche und deshalb für uns Grenzenlose. Gewiß gilt wie sonst und mehr als sonst: Reifsein ist alles. Allein die Welt, für die wir reif sein sollen, wird eine neue, vielleicht noch von niemandem geahnte sein, von der wir nur wissen, daß wir mit jedem Tun und jedem Ge-

danken für sie, und daß sie einen Sinn habe, verantwortlich sind. Freilich; in einer noch unauflöslichen
Gleichung oder Ungleichung stehen Verlust und Gewinn
einander gegenüber. All dem geschichtsphilosophischen Tief-
sinn zum Trotz, der die „Notwendigkeit" dieses Krieges er-
spekuliert, bleibe ich bei der Überzeugung, daß er ohne die
Verblendung und die verbrecherische Frivolität ganz weniger
Menschen in Europa nicht entzündet worden wäre; nun
er aber entzündet ist, haben wir in ihm eine Kraftent-
faltung und eine opferwillige Begeisterung von nie
gekannten Maßen erlebt. Und diesen Werten stehen nun
wieder in Deutschland selbst die allbekannten widerwär-
tigen Erscheinungen eines habsüchtigen Egoismus entgegen.
Wer will heute, wo wir jeden Gegenwarts- und Zu-
kunftsgewinn mit dem Verlust der teuersten Menschen
und mit der selbstmörderischen Zerstörung der bestehenden
europäischen Werte bezahlen, zu entscheiden wagen, ob
unsere Urenkel diese Katastrophe verfluchen oder segnen
werden? — So ungewiß, so sehr noch als bloße Aufgabe
sich die Schlußrechnung des Krieges für uns, die Lebenden,
stellt — einen Verlust für uns wissen wir, der Verlust
und nichts weiter ist: das geistige Einheitsgebilde, das
wir „Europa" nannten, ist zerschlagen und sein Wieder-
aufbau ist nicht abzusehen. Und es kann doch niemand
im Ernst glauben, daß es etwa unter Ausschluß Deutschlands und Österreichs weiterbestehen wird. Um einen
reinen Verlust, sage ich, handelt es sich; denn keineswegs
ist dies etwa der Preis, um den eine größere Reinheit
und Kraft des Deutschtums erlangt würde. Diese wird
zwar sicher der Erfolg des Krieges sein; allein was
dafür preisgegeben wird, ist nur der Internationalismus — in seiner grotesken Steigerung das Globetrotter-
tum — der ein Mischmasch ist, ein charakterloses, grenzen-
verwischendes Hin und Her von Interessen und Gesin-

nungen, allenfalls ein Abstraktum aus vielen Nationen, gewonnen durch Absehen von dem eigentümlichen Wert einer jeden. Die internationale Gesinnung und Wesensart, leider auch für viele Deutsche verhängnisvoll geworden, ist ein durchaus sekundäres Gebilde, das entweder durch bloßes Aneinandersetzen oder durch bloßes Weglassen entsteht, und ein Feind des wurzeleigenen nationalen Wesens. Das Europäertum dagegen ist eine Idee, etwas durchaus Primäres, nicht durch Zusammensetzung oder Abstraktion erreichbar — gleichviel wie spät es auch als historische Macht auftauche. Es steht nicht zwischen den Nationen, sondern jenseits ihrer und ist deshalb mit jedem einzelnen nationalen Leben ohne weiteres verbindbar. Dieses ideelle „Europa" ist der Ort geistiger Werte, die der heutige Kulturmensch verehrt und gewinnt, wenn ihm sein nationales Wesen zwar ein unverlierbarer Besitz, aber keine blindmachende Enge ist. Es ist eine unleugbare Tatsache, daß die „europäischen Menschen" der letzten Jahrzehnte im äußersten Maß national charakterisiert waren: Bismarck wie Darwin, Wagner wie Tolstoi, Nietzsche wie Bergson. Keiner von ihnen ist international oder kosmopolitisch (nur bei Nietzsche besteht ein theoretischer Ansatz und ein willensmäßiges Bemühen dazu, das jedoch bei ihm seinem sehr deutschen Sein nicht widerspricht) — aber jeder ist durchaus europäisch; daß jeder von ihnen zu den Schöpfern von „Europa" gehört, erreicht er eigentlich durch äußerste Steigerung spezifisch nationaler Qualitäten! Die Idee Europa, die feinsten Säfte des geistig Gewachsenen in sich einziehend, ohne es doch seinen heimischen Wurzeln zu entreißen, wie der Internationalismus es tut, ist nicht logisch oder mit bestimmten Inhalten festzulegen; wie die anderen „Ideen" ist sie nicht mit Greifbarkeiten zu erweisen, sondern nur in einer Intuition zu erleben, die freilich erst der Lohn

langer Bemühungen um die Kulturwerte der Vergangenheit und der Gegenwart ist. Die Erfahrungen des Krieges
haben uns überzeugen müssen, wie es mit der Realität
dieses Europa bestellt war: es bestand in der Einbildung
Vieler, in der Sehnsucht von sehr viel Wenigeren, und
im Besitz eines verschwindenden Minimums von Menschen,
die auch eigentlich nicht es selbst, sondern ein stellvertretendes
Symbol davon besaßen, weil sie es für sich schufen.

Dennoch, die überhistorische Höhe, in der metaphysische
und künstlerische, religiöse und wissenschaftliche Ideen
ihre Unangreifbarkeit finden, begrenzt nicht die Idee
Europa. Sie ist, was man eine historische Idee nennen
könnte, ein geistiges Gebilde, das zwar über dem Leben
steht, aus dem es sich erhoben hat, aber ihm doch verbunden bleibt, und aus ihm seine Bedeutung und Kraft
gewinnt. Gewiß ist die Idee Europa, diese einzigartige
Färbung eines Komplexes geistiger Güter, charakteristisch
gesondert von der des griechisch-römischen Geistes im Alter-
tum und der katholischen Weltidee des Mittelalters —
gewiß ist sie unsterblich; aber sie ist verwundbar. Gewiß
kann sie nicht überhaupt verschwinden — aber sie kann
unsichtbar werden, wie der Komet des letzten Sommers,
der auch nicht aus der Welt verschwindet, aber vielleicht
erst wiederkehrt, wenn wir alle längst verschollen sind.
Die Idee der Wahrheit verliert nichts an ihrem Bestand
und ihrer Leuchtkraft, auch wenn wir alle irren, die Idee
Gottes berührt es nicht, daß die Welt ihn nicht erkennt
oder von ihm abfällt; aber die Idee Europa ist mit dem
auf sie konvergierenden Bewußtsein europäischer Menschen
in wunderbarer Weise verbunden, wie das Schiff mit
dem Gewässer, das es trägt, und mit dessen Austrocknen
es zwar immer noch dieses Schiff bliebe, aber seinen Sinn,
Güter und Werte in sich zu bergen und von Ort zu Ort
zu tragen, verloren hätte.

Es genügt nicht, daß die Idee Europa nicht sterben
kann: sie soll auch leben. Und es ist männlicher, sich einzugestehen, daß sie das für absehbare Zeit nicht wird;
diese Einsicht wird vor allem der schmerzlichen Ent-
täuschung gewisser vager Hoffnungen vorbeugen, die schon
hier und da in der heutigen Literatur auftauchen. Zu
weit hat der europäische Haß die Geister getrennt, zu
entschieden sind die Sympathien auch der Neutralen
parteimäßig aufgeteilt, als daß sie die Zuflucht der Idee
Europa sein könnten, zu mißtrauisch und voneinander
enttäuscht wird — davon sind wir wohl alle überzeugt —
der Krieg auch unsere Gegner zurücklassen: der gemeinsame Haß gegen uns, der sie jetzt notdürftig und wider-
natürlich zusammenschweißt, wird nach Lösung dieser
Spannung auf sie selbst, zwischen sie selbst zurückfluten.
Nein, die Glieder des Körpers, dessen Seele jene Idee
war, sind so voneinander gerissen, daß er auf Gott weiß
wie lange nicht mehr ihr Träger sein kann. Europa hat
den Begriff des „guten Europäers" verspielt, an dem wir
Älteren, gebend und nehmend, teilzuhaben glaubten,
sicher, dadurch in keiner Weise international, kosmopolitisch — oder wie all die wohlklingenden Übertäubungen
der Entwurzeltheit heißen — zu werden, sondern gerade
dadurch im Tiefsten deutschen Wesens zu sein. Denn wie
es das Wesen des Lebens ist, über das Leben hinaus-
zugreifen, wie der Geist am vollsten er selbst ist, wenn er
das berührt, was mehr als Geist ist, so scheint — ich habe
dies an einer andern Stelle dieser Blätter ausgeführt —
das Sichstrecken über das Deutschtum hinaus gerade zum
Wesen des Deutschtums selbst zu gehören. Gewiß sind
uns daraus unzählige Gefahren, Ablenkungen und Einbußen gekommen: so mancher deutsche Baum ist verdorrt,
weil man seine Wurzeln aus dem heimatlichen Boden
herausgrub, aus Besorgnis, sein Wipfel möchte sonst nicht

nach „Europa" hineinragen. Aber diese Selbſtmißver-
ſtändniſſe ſollen uns nicht darüber täuſchen, daß die euro-
päiſche Sehnſucht dennoch aus der echten Wurzeltiefe der
deutſchen Seele ſtammt.

Doch gerade hierin liegt unſer Troſt, wenn nun auch
die Idee Europa in unſeren Verluſtliſten ſteht und von
ihr nur dasſelbe, was von all den geliebten Namen in
dieſen bleibt: Erinnerung und Mahnung. Die Idee Deutſchland wird die Univerſalerbin der Kräfte, die nach jener
ſich hinſtreckten, wie von ſo manchen anderen, die unſer
früheres Leben ſich in zu große Enge oder in zu große
Weite verlaufen ließen und die nun in ihre Quelle zurück-
geleitet werden, um von neuem aus ihr zu entſpringen. Aber
eben weil wir wiſſen, daß das Europäertum kein äußeres
Hinzufügſel zum Deutſchtum war, daß dieſes Über-ſich-
hinausleben ſeinem innerſten, eigenſten Leben angehörte —
darum wiſſen wir, daß das in ſeinen eigenen Grenzen er-
ſtarkte, in ſich immer echter gewordene Deutſchtum an
einem fernen Tage der Idee Europa ein neues Leben,
mächtiger und weiter wohl als alles frühere, geben und
ſie an ihre Unſterblichkeit erinnern wird. Es iſt, wie
wenn einem Sohn ſich ſein Haus verſchließt, vielleicht in
Entzweiung und Bitterkeit; nun ſcheidet ſich, was von
ſeinem Weſen dorther kam und dorthin ging, von dem,
was er wirklich allein iſt, und auf deſſen Energie und
Wachstum ſeine Zukunft ſteht. Einmal aber kommt der
Tag, an dem Verſöhnung die Türen wieder öffnet und
an dem er mit einem Reichtum zurückkehrt, wie nur die
auf ſich ſelbſt angewieſene Kraft ihn gewinnen konnte;
und die wiedererwachte Stimme des Blutes ſagt ihm und
den anderen, daß, was er in der Getrenntheit und nur
für ſich erarbeitete, von ſeiner tiefſten Quelle her dazu
beſtimmt war, in die alte, neuerſtandene Gemeinſamkeit
zu münden.

Verlagsanzeigen.

Goethe

Von Professor Dr. Georg Simmel

Zweite Auflage / 320 Seiten
Geheftet Mark 4.— / gebunden Mark 4.80

Inhalt:

I. Leben und Schaffen / II. Wahrheit / III. Einheit der Weltelemente / IV. Getrenntheit der Weltelemente / V. Individualismus / VI. Rechenschaft und Überwindung / VII. Liebe / VIII. Entwicklung

---

Preßstimmen über die erste Auflage:

„Wir wollen den Eindruck, den das Buch auf uns gemacht hat, zunächst ganz allgemein wiedergeben: Es ist das Werk eines Mannes, der Goethes' innere Existenz in sich aufgenommen, ehe er sie zur Darstellung brachte, und sie uns neu geformt hat. Wir müssen gestehen, daß trotz aller bisherigen wertvollen Bücher über Goethe ein solches Buch noch ungeschrieben war."

Zeitschrift für Philosophie.

„Dies ist ein Buch, über das man nicht einmal referieren, noch weniger sich kritisch äußern kann. In seinen 250 Seiten umfaßt es mehr Gedachtes als die vielbändigen Bücher, die ‚Leben und Werke' hießen. Nur mit höchstem Maß kann es gemessen werden."

Der Tag.

„Ein besonderer Reiz Simmelscher Darlegungen ist es, die leitenden Gedanken mit den verwandten oder kontrastierenden anderer großen Menschen zusammengehalten zu finden. Köstliches erfährt man auf diese Weise aus der neuesten Gabe seines Geistes über Beethoven, über Shakespeare, über Velasquez, die Romantik. Und die Form seiner Ausführungen? Gewiß pflegt Simmel eine artistische Sprache. Aber verleihen ihr feines Umspielen des Inhalts, ihre überraschenden Wendungen und Bilder seinen Gedanken nicht einen ganz eigenen Wert, so, daß sie uns in anderer, weniger duftiger, weniger erlesener Fassung ihres tiefsten Reizes beraubt erscheinen würden?" Zeitschrift für Bücherfreunde.

Verlag von Klinkhardt & Biermann, Leipzig

Verlag von Duncker & Humblot in München und Leipzig.

Vaterland und Sozialdemokratie.

Von

L. Radlof
Bezirksarbeitersekretär in Zwickau.

Inhalt:

Preis 1 Mark 50 Pf.

„Solche Schriften wie die Radlofs sind die wichtigsten Mittel zur Herbeiführung des sozialen Verstehens; sie sind im eminenten Sinne staatserhaltende Handlungen, deren Veranlasser und Helfer im Prytaneion gespeist werden müßten." Werner Sombart.

Verlag von Duncker & Humblot in München und Leipzig.

Das Schicksal Belgiens
beim Friedensschluß.

Von

Dr. Ernst Zitelmann

Geh. Justizrat, o. Professor an der Universität Bonn.

Preis: 2 Mark.

Belgien als selbständiger, aber von Deutschland abhängiger Staat! Das ist das Ergebnis der neuen völker- und staatsrechtlichen Schrift Zitelmanns. Die Wiederherstellung Belgiens in seiner früheren Unabhängigkeit wird unter ausführlicher historischer und politischer Begründung abgelehnt, weil sie für Deutschland höchst gefährlich werden würde. Die Aneignung Belgiens, seine Aufnahme in das Deutsche Reich würde ebenfalls zu schweren Schäden führen. Um die Gefährlichkeit eines selbständigen Belgiens für Deutschland zu mindern, wird zur Beschränkung seiner Unabhängigkeit ein wohldurchdachter Plan der militärischen, politischen und wirtschaftlichen Sicherung entworfen und bis ins einzelne begründet. Als weiteres Sicherungsmittel wird vorgeschlagen, Belgien unter Benutzung des vorhandenen Gegensatzes zwischen Flamen und Wallonen staatsrechtlich so umzugestalten, daß sich die Flamen national selbständig entwickeln.

Die Schrift enthält endlich einen sorgfältig durchgearbeiteten Entwurf eines Friedensvertrages mit Belgien, der die völkerrechtliche Stellung dieses Landes zum Deutschen Reich, sodann die künftige staatsrechtliche Gestaltung Belgiens und die Schadloshaltung Deutschlands (Kriegsentschädigung nebst dem Schicksal des Kongostaates) behandelt.

Verlag von Duncker & Humblot in München und Leipzig.

Die Friedensidee.

Ihr Ursprung, anfänglicher Sinn und allmählicher Wandel.

Von

Hans Prutz

früher o. Professor a. d. Universität Königsberg, Geh. Regierungs-rat, o. Mitglied der Bayer. Akademie der Wissenschaft.

In modernem Pappband.

Preis: 3 Mark.

An der sicheren Hand des bewährten Geschichtsforschers durch-schreiten wir in der vorliegenden Schrift die gesamte Weltgeschichte, überall da verweilend, wo Friedenssehnsucht edler Geister oder die gleisnerischen Pläne kluger politischer Köpfe sich zu einem eigenen Programm eines künftigen Weltfriedens in der Geschichte ver-dichtet haben.

Die mittelalterlichen Kaiser, voran der mächtige Salier Heinrich III., die Jungfrau von Orleans als Friedensbringerin ihres Volkes, die gelehrten weltlichen Päpste des 16. Jahrhunderts ziehen an uns mit ihren Gedankensystemen vorüber und werden lebendig, bald in ihrem ehrlichen Streben, der Welt den Frieden zu bringen, bald in dem kühnen Gaukelspiel, die Friedenssehnsucht der Menschen als Mittel zur Macht zu mißbrauchen. Der „große Friedensplan" Heinrichs IV. von Frankreich, dieses von den Franzosen so stolz gezeigte Blatt in dem Ruhmeskranz ihres gefeiertsten Königs, wird ausgebreitet. Wir erblicken die edle, menschenfreundliche Gestalt William Penns, der die Kulturmacht der Quäker begründet hat, wir werden in das Zeit-alter Ludwigs XIV., zu dem liebenswürdigen, ehrlich friedfertigen, disputierfreudigen Abte von Saint-Pierre geleitet und stehen endlich vor den hohen Geistern der deutschen Philosophen Leibniz und Kant mit ihren wohldurchdachten Friedensplänen. Eine eindringende Kritik der Botschaft des amerikanischen Präsidenten Wilson über die künf-tige Gestaltung des Friedens schließt das reichhaltige Buch, das mit seiner Tatsachenfülle und seinem Gedankenreichtum allgemeine Be-achtung finden wird.